金星出版
命理生活新智慧・叢書
VENUS PUBLISHING CO.
U0084332

VENUS PUBLISHING CO.
金星出版
命理生活新智慧・叢書

命理生活新智慧・叢書 69

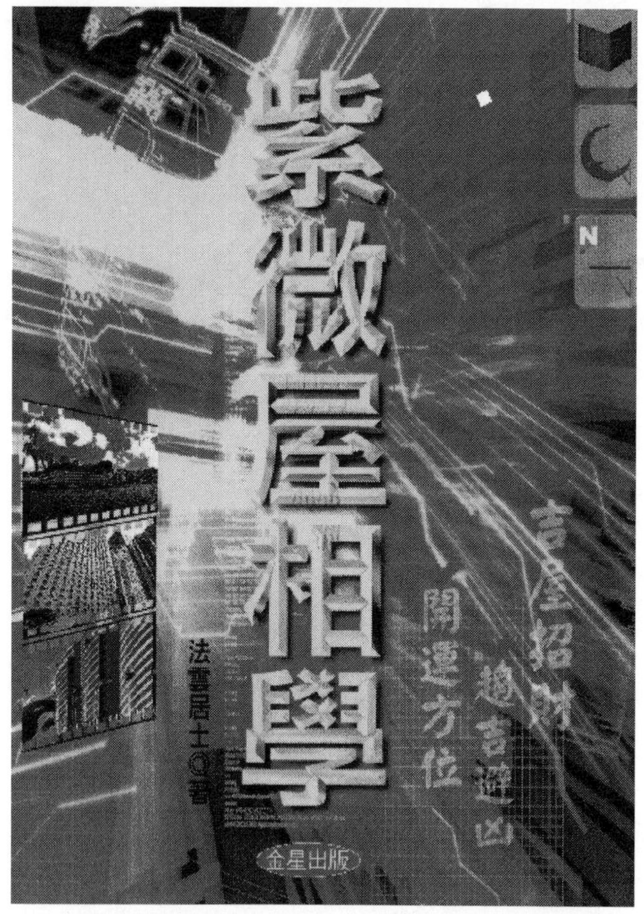

金星出版社 http://www.venusco555.com
E-mail: venusco555@163.com
venusco@pchome.com.tw
法 雲 居 士 http://www.fayin777.com
E-mail: fayin777@163.com
fatevenus@yahoo.com.tw

法雲居士⊙著

金星出版

國家圖書館出版品預行編目資料

紫微屋相學／法雲居士著. -- 第1版. -- 臺北市：金星出版：紅螞蟻總經銷，2005[民94]　面；　公分. -- (命理生活新智慧叢書；69)

ISBN 957-8270-62-3（平裝）

1.相宅 2.命書

294.1　　　　94017929

紫微屋相學

作　　者：法雲居士
發 行 人：袁光明
社　　長：袁光明
編　　輯：王璟琪
總 經 理：袁玉成
地　　址：台北市南京東路三段201號3樓
電　　話：886-2-25630620，886-2-23626655
傳　　真：886-23652425
郵政劃撥：18912942金星出版社帳戶
總 經 銷：紅螞蟻圖書有限公司
地　　址：台北市內湖區舊宗路二段121巷19號
電　　話：(02)27953656(代表號)
網　　址：http://www.venusco555.com
E-mail：venusco555@163.com
　　　　venusco@pchome.com.tw
法雲居士網址：http://www.fayin777.com
E-mail：fayin777@163.com
　　　　fatevenus@yahoo.com.tw

版　　次：2005年11月 第1版　2019年4月 再版　2023年10月 加印
登 記 證：行政院新聞局局版北市業字第653號
法律顧問：郭啟疆律師
定　　價：300元

行政院新聞局局版北字業字第 653 號
(本書遇有缺頁、破損倒裝請寄回更換)

ISBN：957-8270-62-3（平裝）

（因掛號郵資漲價，凡郵購五冊以上，九折優惠。本社負擔掛號寄書郵資。單冊及二、三、四冊郵購，恕無折扣，敬請諒察！）

◎序

人有面相，房屋就有『屋相』，一般人認為房子外觀蓋得好不好看，就是『屋相』。這只是其中的一項條件而已。真正的『屋相』還包括了房屋四周的環境，要看四周有什麼樣的屋舍或地理環境來配合它的。更要看此房屋處在天地之間的什麼樣的位置之上，是很重要的。這也像『人』立於天地之間是同樣的道理。

房屋有很多地方和『人』很像！房屋也要呼吸，也有眼口耳鼻、四肢。窗戶是眼睛、門是口。倘若四肢不全的房屋，就會蔽塞簡陋，讓人生活功能不佳，連賣都不易賣出去了。倘若長相好、又四肢發達、活潑的房屋，就是非常有價值的房屋，而且住進去的人，易發富。這種房屋就是『金雞母』的房屋了。

人有命運，房屋也有命運。人有好命、壞命，房屋也有好命、壞命。人有好運、壞運，房屋更有好運、壞運。有人說：『福地福人居。』這句話原本的意思是說：『有福的人就會找到好的吉地來居住。但現在常被一些反其道而行的人拿去做掩飾住在困窘之地的託辭。人的命運，來自人的思想、觀念。房屋的命運來自於人的選擇和磁場的相應合。房屋是人所居住的，也是包裹著人的外層屏障和外衣，所以人和自己所住的房屋是息息相關的。現在的人只關心買房子和擁有房子的事，而未必關心自己的住屋，這是非常本末倒置的事。你一定先要住得好，才會為你帶來好運和錢財。因此你

住了什麼樣的房子很重要！這本『紫微屋相學』就是告訴你：什麼樣的人會住什麼樣的房子！什麼樣的房子會讓你和家人會唸書唸博士！什麼樣的房子會讓你升官發財！還有其他種種的有關於房屋的關鍵重點，盡在此書之中，希望大家會喜歡！

法雲居士　謹識

命理生活叢書69

目錄

紫微屋相學

▼紫微屋相學

前言

何謂『屋相學』？從文字表面來看，一定談的就是房屋的外觀長相問題。其實不僅是如此！屋相學包括很廣，包括了一切和房屋住宅有關的風水學，也包括了和天時、地利、人和有關的『天、地、人』的關係，就是天運、地運、人運的關係。

所有的房屋都有天命（天運），所在的地方有地命（地運），住在其中的人有人命（人運），因此這各種條件相互交織了『屋相學』。

那為何叫做『紫微屋相學』呢？這是因為本書有某些觀點是和紫微命理有關連的，所以稱為『紫微屋相學』。

『屋相學』主要談的是和住屋、陽宅有關的風水問題。『風水學』包括很廣，屋相學只是其一。一般人認為『風水』源自東漢時期的堪輿學或源自南北朝郭璞所著《葬經》內篇的文字。

氣乘風則散，界水則止。古人聚之使不散，行之使有止，故謂風水。

——郭璞古本《葬經》內篇

其實早迄黃帝或堯舜時期，以及商周以下，古人早就有風水知識的存在了。只是聚為文字做有系統的記載較晚而已。前文不是說『古人聚之使不散，行之使有止，故謂風水』。所以

說，郭璞也證實此風水是已行之久矣，不是當代之產物了。那『屋相學』的歷史就更久遠了，自從人類穴居山洞開始，便會知道那些洞穴能避風聚氣、有生氣、冬暖夏涼、住得舒服的。那些洞穴會漏風散氣、冬寒夏熱、住得辛苦的，因此這些經驗，後來用來建造住屋、宮室，而代代相傳了下來。

中國自神農氏時有『歸藏』，演八卦為六十四卦，又在黃帝時，有指南針的發明，因此懂得方位。所以在黃帝時，宮室的發展建造，就已近成熟，自然『屋相學』的理論也得以完整的建立。在堯帝時，又有時間的建制，命羲、和二人於四方測星定時。舜帝時更製璿璣、玉衡等儀器以測天，以齊七政，於是天象、季節、時間的問題，得以解決。因此天運之於屋相，也可以記錄了完整的由宇宙經由時序上的流轉而產生對房屋的影響。

在《詩經・大雅・公劉七章》云：『既溥且長，既景迺岡，相其陰陽，觀其流泉』，在極早的古代，就已重現地基要廣大，採光要好，陰陽向背要弄清楚，水之來龍去脈要講究。這些都是後世在營造宅第之固定遵守的法則。

公劉是周王朝的祖先，其後的古公亶父定都『周原』，『築室於茲』，以及周武王遷鎬京、周公『卜居』洛邑，都是使周室興旺的決定性關鍵。

為何周室王朝有幾次遷都呢？這也是因為地氣（地運）有時效性，有一定的時運。倘若旺運已過，進入衰運期時，就會

有災禍產生，為了顧及族人生活和興旺，就不得不另覓吉地來卜居遷徙了。

現今我們講究屋相，不僅是要重視房屋外觀的美好，自然更要注意房屋本身的時運以及方位問題，以及房屋內外沖剋邪煞等問題。

屋相、風水是包括多樣的科學知識的結晶

屋相學實際上和天文學、地理學、構造學、氣象學、大地景觀學、自然環境學、人類心理學、人體生理學、工藝學，都非常有關連，也可以說『屋相學』實際包括涵蓋了上述的所有的學問了。

所以現在我們來看『屋相學』或是來看房屋的風水，都會將該房屋的所在地、座落地段、方向、周圍環境、屋內與屋外格局變化都會用合於自然法則，又合於最優生活條件的方式，用科學方法來論斷屋相或房屋風水的吉凶了。

就像東南亞地區國家，以及中國南方的一些房子是下方懸空，有柱腳撐起，或下方做豬舍，或養家畜、動物，上方才住人的房子，這當然是一方面要避濕氣、要通風，但房子的形狀屋相就不算美觀了，而且這樣的屋相和日本早期為預防地震所建之木質日本式房舍都是屬於適合過平淡、恬靜生活，不易有大富貴的屋相了。

人的命格會與其『住屋屋相』相應合

另外，什麼樣命格的人會住什麼樣的房屋。這是人的本命和周圍環境相應和的關係。就像人會順應當時家中狀況而出生相應和命格的人，每個朝代也會順應時代需要而出生相應和的命格的政治人物。人更會因為時間變化運氣的關係住在運氣不同的房子之中。

例如：同陰坐命的人，田宅宮是天相陷落，以及田宅宮是廉破的人，容易住在舊型、雜亂、不美麗的房子之中，有些也會住在家道中落、具有年代、古色古香的房舍之中。而且這些命格的人，天生就喜歡古董式的房子、傢俱，還自以為很有藝

術修養呢！

這跟紫微坐命的人，或有紫微在田宅宮的人，或有紫微在三合宮位的人，喜歡住新房子、用新器具，是有不同欣賞角度的，所以不同命格的人，就會有不同的想法，自然對於自己所選擇的住屋，會有不同的選擇方式。

在此本書中，還會談到『路沖』的問題，『路沖』有好有壞，還要看人經不經得起『沖』。有的人住路沖的房會發，能擁有大富貴或大事業，有的人住路沖的房子會遇凶險而亡，或遇血光而亡或傷殘窮困，『路沖』也有年運的問題，『路沖』逢旺運期，會帶給住屋的人有旺運，『路沖』逢衰運期，只會帶給住居的人傷災、是非、死亡、窮困，因此需要好好的辨明。

這本書將會以屋相所有的條件加以分析，並解釋安宅及化解諸煞的方法，以及室內安床、安灶、安神位的特殊注意事項。以讓大家不但能選擇到能為自己帶來富貴的房屋居住，更能有辦法修正與抵制環境在不斷變化中帶來的煞氣，使自己的生活過得更平靜，更幸福。

你的財要怎麼賺

這是一本教你如何看到自己財路的書。
人活在世界上就是來求財的！
財能養命，也會支配所有人的人生起伏和經歷。
心裡窮困的人，是看不到財路的。
你的財要怎麼賺？人生的路要怎麼走？
完全在於自己的人生架構和領會之中，
法雲居士利用紫微命理為你解開了這個
人類命運的方程式，
劈荊斬棘，為您顯現出你面前的財路，
你的財要怎麼賺？
盡在其中！

第一章　屋相和『天、地、人』的關係

一棟建築和一間房子在地球上出現，豎立在土地之上，受陽光普照，有人進出居住，它自然而然的就和『天、地、人』三者發生了直接的關係。

『天』代表宇宙，代表自然界、天象，也代表『時間』。

『人』有生日，有生辰八字。房屋或是一幢建築也和人一樣有建築完成的始用日期，成為它的生日。人有『人生』，有

的人的『人生』是壯年時起伏高潮迭起，幼年及老年為平淡沈寂的。有的人的人生是歷經千辛萬苦至老年才得到富貴風光。更有人一生也沒有尋找到富貴名聲的日子。

一間房子或一棟建築也和人一樣有運氣的變化和生命的長短。就像屏東有一幢豪宅，蓋好後一直擱置，無人居住，未來也許會落至拆除的命運，其實在全省的各角落中也都會有這樣的房子存在著，這當然是蓋房子的人有問題，同時也是蓋房子的時機不對，更是此房子的命不好，很難碰到有緣人來把它造成有用之材（有用之屋）了。

從命理學的角度來看人，是以此人的能力、成就做為一個評比，稱此人『有用』或『無用』。也以其人自身奮發所得到之富貴，為高等之命格。同樣的，從命理及風水的角度來看一幢房屋，也會以其存在於地表年限中所能創造的價值，做為至高的風水依據。這些價值，自然包括了它本身帶給住戶的人的生活滿意度，以及創造熱鬧、繁華、帶財多寡的價值數目。因此，屋相和『天、地、人』之間的關係十分緊密，是缺一而不可分的。

第一節　屋相和『天』的關係

前面說過：『天』代表宇宙，代表自然界，代表天象，也代表『時間』，這些種種都和每一幢房屋產生莫大的關係。

房屋和宇宙的關係

房屋自從在地表上出現起，就和宇宙有了關係。太陽光會穿過宇宙空間照射過來，到房子上。住屋的人們，連同房屋一起被籠罩在太陽光下。

房屋自在地球上出現開始，就受到宇宙的影響，也在宇宙中站有一席位置，就像人的生辰、年、月、日、時為一『十字標的』，人出生時，此『十字標的』會落在黃道之上。因此在宇宙中站了一個隱形的空間，當人死亡時，此『十字標的』會自動消失了。房屋也是一樣，自建造的起始日開始，便在地表

上有一個物件，其啟用日也為一個『十字標的』，也會在黃道上留有記號，而在宇宙中站有另一個隱形空間，這就是該房屋、建築的命運了。因此房子蓋的時間巧，和時間好，都是非常重要的關鍵。

曾經是世界最高的建築，後來在美國九一一攻擊中殞落的美國世界貿易中心大樓（雙子星大樓）高度有四一七米，是從一九六六年蓋到一九七二年才蓋好，也就是從丙午年蓋到壬子年才蓋好，在一九七三年四月四日剪彩啟用，至二〇〇一年九月十一日遭攻擊消毀，一共只存在二十九年的時間。這是當初建造者始料未及的，花了龐大的代價所蓋出的房子，居然生命這樣短暫，比不過其他的高型建築，這就是它的命運了。同時

也是在它建造與落成起用的時間點不好的原因使然。

曾有太空人從太空中觀望地球，就很明顯的一眼望到豎立在紐約的這對雙塔（世界貿易中心），曾引以為傲，地球是宇宙中的一員，因此你的房子也許不夠高大，能從太空中一眼望見，但也會受到宇宙磁波的影響而有運氣起落的關係。

世界貿易大樓

房屋和天象的關係

房屋出現在地表上和天象有密切的關係。例如在天干方面，甲年有太陽化忌，甲年的天象裡，太陽的黑子就會活動頻繁，而影響地球上無線電通訊的品質，也會造成地球上植物生長、果實不漂亮，有點點疤痕。在政治上，政治會出錯，政府及公權力的威信很低。因此甲年時會有很多不合格的違章建築跑出來，或是建商擅自改動建築設計，會有不良的後果。壬年有武曲化忌，代表金融或錢財，或金類的東西會有問題。因此在民國71年時，台灣新建有許多房屋有幅射鋼筋和海砂屋的問題。也會有許多建商因財務問題而落跑。乙年有太陰化忌，也是和房子的問題有關，或銀行貸款有問題，或銀行本身有問題，像乙酉年，銀行因信用卡放款的呆帳多，也會緊縮各種貸款，而影響老百姓的房貸問題。因此你在買房屋、建築時，最好要先瞭解房屋建造時的年份所代表及內含問題的狀況，以免買到有瑕疵的房屋。

第二節　屋相和『地』的關係

屋相與自然的關係

房屋立於地表之上，就是自然界的一員了，當然是和自然

有關係的了，一棟房屋最好和自然是融合一體的，這樣就會住的舒服，如果與周遭自然環境太突兀，就會受到排斥，該建築也就沒有好運道了，相對的也容易折損，或帶給周邊屋舍不好的影響了。

另一方面，與周遭環境太突兀的建築，都不適合住人，或做住宅，就像號稱世界第一高的台北一〇一大樓，若在高樓中設有旅館或住宿飯店，容易有壓迫感，會住得不舒服，客人就不會太多了。再加上高樓周圍迴風大，也影響在周圍生活的人們。

以前的人蓋房子做建築，是以『木』為樑柱架構，再敷上泥土做牆上瓦片為屋頂，這是『土』的部份，人居住在其中，

以鼎煮食，這是『火金』，水藏在土裡、金裡。或是房子蓋在水邊，取水較易。在如此的建築結構與人的居住環境中，金、木、水、火、土之五行得到平衡，因此人較不易生怪病。而早期的人做建築房子或造橋等事亦稱做土木工程。現今蓋房子用RC鋼骨結構，甚至加上玻璃幃幕，土木的部份少了，甚至沒有了，『金』的成份增多，甚至建築間的外牆整個以太空質材『鈦』金屬來鋪設裝置，這樣『金』的成份太多的建築，住在其中的人，在五行中木、土虛弱，自然有肝腎方面的毛病，因此現代人多不孕，生育須藉助醫療科技做人工受孕。生育遺傳的品質也會變差。

房屋屋相會依照自己建造完成的外表，而形成五行形象。

例如房子外觀貼的紅色小口磁磚，房子五行屬『火』，如果外觀有高塔或尖頂房子也屬『火』。如果房子橫面寬，則是『火土』形的房子。房子高瘦，外表又是暗紅磁磚，則是『木火』形的房子。

土形房子

外表是土黃色或房子呈矮胖或橫的房子，或房子呈梯形建築皆為土形房子。

金土形房子

外表有石塊切片貼壁，看起厚重，像古堡或城牆建築一樣

的房子。或是窗戶玻璃很亮，牆壁為石板或花崗石的房子，或是用土色石塊與網鐵交織而建的房子。

金形的房子

外表是玻璃幃幕的房子，外表是金屬貼片或金屬架構的房子，或外表有很亮的玻璃的房子，或房子為圓形或正方形的房子。

金水形房子

外表有黑色玻璃會發亮的房子，外表為黑色，但有不銹鋼金屬外框或雕塑的房子。或外觀白色或黑色，但有波浪型裝飾

的房子，或豎立在水邊的多金屬建造的房子。

例如：在西班牙畢爾包地方的古根漢博物館，外表是用『鈦』金屬大片大片黏上去的，會閃閃發光，是屬『金』的建築物，幸虧周圍開了一條護河，成為金水相生的建築，每年有數百萬的觀光客湧至，才造成地方繁榮，如果未開護河，畢爾包當地是廢舊的鋼鐵之城，如同沙漠荒廢，就是金土傷官格局，也就不會有如此繁榮盛況了。

西班牙古根漢博物館

水形房子

外表橫寬有波浪裝飾的房子，外表是黑色或水色的房子。牆壁上有大片水圖案的房子，或是屋頂有圓滑弧度規則起伏的房子，就像西班牙建築奇才高第所蓋的『米拉之家』，有波浪型的屋頂屋簷，為水形房子的代表。此屋原為一富豪設計的豪宅，但沒住了多久便遷出，長期以來，為社會救濟團體或義工團體做公益而用。

水形房子不適合人居住，容易有精神疾病的產生，或抑鬱的問題。也會身體多病。因此不宜因一時高興就蓋了一個怪房子來居住。

第三節　屋相和『人』的關係

現今台灣或中國大陸或世界各地的許多房子，常常都是複合式的，常常一棟房子的建築物上各種五行因素俱在。例如：在紅色建築上有白色明顯的窗框和門框，形成『火金』格局的房子，火會剋金，好看是好看，但也不適合人居住。**例如：**現在有些新的風格建築，外表主要是金土形的房子，外牆牆壁用石塊貼片，顯得厚重，窗玻璃發綠很亮，窗框又為綠色，這又為『木金土』形建築了，自然會木金相剋，木土又相剋，住在其中的人，或在其中辦公的人，也會常常思緒有衝突，一會兒想這樣，一會兒想那樣，耽誤了許多好時機。也容易脾氣暴躁、煩悶。

一個人要住什麼房子對自己有利，對自己是好的，其實先天上已有一個固定的模式和規格。出生以後在這世界上的生活環境，也自出生那日開始就擁有了屬於他自己的規格和模式。這是由其出生年、月、日、時所形成的『八字』這個時間『標的』所衍生出來的知識和學問的。**例如出生在夏天，八字中火多缺水的人**，喜用神為壬水或癸水的人，是不適宜住紅色或土色的房子，也不適宜住有尖頂、尖塔的『火型』房屋，亦不適合住有梯形成土型房子，以及土黃色、咖啡色的房子與室內佈置的，因為這樣會造成命格火炎過度，或土蓋住水，有血光災

禍與肝腎不好的病痛，其人會更勞碌而窮困，或嚴重時會剋害性命。

八字缺水的人，或夏天生的人，宜住在外表是白色（屬金）、水色、水藍色、藍色或黑色、灰色的金水系列的房屋中，或是外表有玻璃窗很亮，或玻璃幃幕的房子中，或是外表是石造、金屬結構外牆，長方或四方型的房子為適合。

秋冬生的人，八字缺火或八字水多、寒冷的人，就適合住『火型』屋，住紅色、或土黃色的房子，室內佈置為紅色、咖啡色、土黃色為宜。若住在『水型』或『金型』的房子中，亦會血光災禍多，窮困不順，或遭災喪命。

每個人一出生，由八字便決定了其人應有的方位，就是吉方和財方，不利於他的方位，就是凶方、煞方。通常吉方和財方的反方向，就是凶方和煞方。我們必須先弄清楚了自己的吉方和財方，以及凶方和煞方，這樣來找適合我自己住的房子的方位才正確。而不是連個人最基本的問題都沒搞懂，也不講究，就要來講究房子四周的風水，或是屋內如何增財的擺設，倘若是這樣的話，則你無論如何挑剔房子的風水，如何裝潢、擺設室內的佈置，結果仍不順利！究其原因，就是方位與屋相先就不對了！就算再在房屋上鋪金蓋銀，仍是沒辦法為你帶來好運的呀！

我常說，**每個人的住屋，就是你的環境。你要先搞清楚自己的環境是什麼樣子的，要住對房子，你也才能修正自己的財**

運和人生的所有運氣。

目前在台灣，有許多房子是五行混合形式的，例如大樓外觀是紅色的，但窗有閃亮帶藍光的玻璃。又例如台北世貿大樓是土金格局的屋相，有土黃色的牆和大片玻璃所形成的。銀行和金融機構適合在『土金型』的建築中營業，如此才能積富發運。但是工作人員並不一定適合在土金型的建築中工作。因此你若是命中要火、要土的人，你就會在這種『土金型』建築中或金融機構賺到錢而生活愉快。如果是命中要水、要木的人，就會與此環境相剋，而覺得運氣不通，有被壓抑、運氣不好的狀況了，也賺不到自己想要賺到的錢。因此你在那裡生活，有什麼樣的環境，對你來說是十分重要的事。

就像台北一〇一大樓，外表是灰藍色的，屬於金水系列的顏色，為目前世界最高的建築，高度屬木，顏色和外形已金木相剋了。其屋頂有避雷針尖，屬火，因此這樣的建築，在裡面做生意是十分辛苦的，初期廣告的效果會帶來一些人氣，但終究其人氣還是不足以支付房租的。

屋相和時間的關係會形成運氣

房屋有起造日期，有完工及起用日期，就像『人』有生日、八字一樣，這些都和『時間』有超密切的關係。房屋有『屋齡』，這也和『時間』有關。於是房子、建築也會有生有死，也有『使用期』的『生命期』的時間，有了這些時間之

後，房子或建築自然就有了自己的『運氣』了。

每一棟房子或建築都有屬於自己的運氣，這些運氣亦會由於其所處之方位、地理位置、外表長相（屋相）、顏色或造形，起造日期或起用日期，屋齡變化，以及當時年干支的影響，而對此房子或建築有運氣上的加分或減分狀況。

房屋有大運

每一棟房屋和建築物都有屬於自己的『大運時期』。

『大運時期』就是此棟房屋或建築物最輝煌風光的時期及年份。

每個房子輝煌的大運時期，有數年、十年、二十年不等，

每棟房子不一樣，這是專以其建造日期、使用日期，或地理位置或建造人的運氣好壞等等原因，是由無數的原因所組成的。

一棟房子或建築，蓋得好的，例如建材好、建築商有信用、負責任，招牌紮實響亮，就像小孩有父母疼愛一樣，自然大運時期會長久一些，會挑上此棟房屋與此棟房屋建築的人，以及住進此建築的人其運氣也都會好。

相反的，建築物拖很久蓋不完。建商一直換，有些中途跑路了，錢財不清、是非多、衝突多的房子，既使蓋好了，人住進去了，也會運氣不好，因為該房子的『大運時期』不知在何時，又不知是何等級的『大運時期』。也許只是一丁點小小運氣的『大運時期』，只要等到時運的天干、地支一變化，就翻

轉過來成為衰運時期了。

北部捷運淡水線有一捷運站旁，有一排四層樓的公寓房子，乙亥年時蓋了一半就停工，建商跑了，經過近十年的日曬雨淋，沒有外皮的磚牆中的水泥也應沖刷得很薄弱了。今年乙酉年又有建商接手，取了美麗的名字，敷上美麗的外表，重新推出販賣，如此的房子住在其中都有危險，它又如何能有好的大運呢？因此我想會買到它的屋主，一定本身運氣也不怎麼好，才會不打聽房子的前緣、前因，以後遇到災難，自然是前因不察，難料後果的問題了。

非常有趣的是，早先這排公寓房子只有紅磚砌起來，沒貼磁磚，像沒有皮膚的房子，顯得破落。如今裝潢了外表，是灰黑白塊面相間的建築，此建築在五行上屬金水系列的公寓，但其背景是大片面積紅色建築物的捷運站，再加上公寓旁又有紅色磚瓦的房子，因此是被火型屋包圍的房子，有『火剋金』的問題存在。未來再遇火土年，也許是在丙戌年、丁亥年之時的火土多之月份，此公寓將有災變，算算時日將不遠矣！

房屋大運和人之間的關係

房屋本身有大運、吉凶（房屋只講大運、流年就好了），每個人也有自己的大運、流年、流月吉凶，人住在房子裡，自然會和房子的運氣相應和，相互影響演變，或衍生出另外一種運氣出來。

例如：有的房子，人住進去後，人就變得愛賺錢，熱心賺錢，所以你會在賺錢之事上多花心力而進財很多。有的房子，人住在裡面會愛唸書，因此學歷會增高，或名聲、地位會因學識而增高。有的房子，住在裡面的人會熱衷升官進級。有的房子，住在裡面的人會抑鬱寡歡，萎靡不振，或愛睡覺、懶惰，凡事提不起勁來。因此人和住屋間的關係息息相關，休咎與共。房子不但像是人的外衣屏障，更像包裹著人之初孕胎元的母體子宮，能將人孕育出更精華、精采的人生。(實際上在命理學中，代表房地產的田宅宮，同樣也是看女性子宮的宮位)。

人的光輝大運，若是能和房屋的精華大運相契合的話，那

這個人的事業與人生高峰是快速翻升的。倘若人的大運差一點，而房屋的精華大運正興隆，也會把人的運氣往上推高的，不過，這要看人的命是否有那麼好，能住到推高自己大運的房子了。

通常，人運氣好的時候，能耳聰目明，選擇到好房子居住。運差時，則會選到運不佳的房子居住，這有時是磁場相應合的關係使然的。有些人會選擇到鬼屋居住，就一定是運氣極差，是非多，在時間點上該遇到刑剋的問題了。

有『陽梁昌祿』格的房子

我有一位老師以前住在巴黎，一家四口（父母及兩個子

女）都唸了博士，回國後全都做了大學教授，有一次他與我討論他的屋相問題，我認為這是他們家人和房屋的大運相合的關係使然，他們家在巴黎是一幢瘦高屬『木型』的房屋，坐北朝南。年干又逢火運，正是木火旺的時運，而其大部份家人都是喜用神要火的人，因此時運和人運相合之故。其兒子雖也拿到博士，但較辛苦，這是其人喜用神為『水』之故，房子運氣略和他不和，但老師卻認為並深信原因是此房子有『路沖』的原因。

『路沖』的問題

其實『路沖』也有大運，有的大運是十年，有的大運是二十年。『路沖』還有『好的路沖』與『壞的路沖』之分。『好的路沖』會使人大發旺運，如發財、升官，或大有成就。而『壞的路沖』會使人家破人亡，遭血光、車禍、病變，死亡，家運凋落。

另外，有些人的命格是經得起『路沖』的，有的人的命格則不然。有些人的命格是必須有『路沖』來沖擊的，有的人的命格是稍一沖擊就受刑剋魂飛魄散了。

有的『路沖』，前十年是好的，後十年是凶的，可能以後，又再變好或再變壞。有的『路沖』則始終是壞的，會造成血光、病痛、死亡、糾紛。

帶血光、病災的『路沖』

我的這位老師，每次談到『路沖』，必會提起他所任教的，在北部一所大學中，某系所的辦公室有『路沖』，系主任所坐的位置正逢『路沖』，又逢樑壓，因此都坐不久，早一點離開的人，反而好。待久一點的人，不是生癌症，就是開刀或車禍血光問題。系辦公室的職員也好幾位陸續得癌症而死死傷傷。不知情的人會想盡辦法爭取到這個辦公室的位置來，來了以後，又迫不及待的快速逃走離開。

在同一個辦公室中，有五、六位同事都同時生癌症，有的請病假看病，有的有氣無力的上班，一種死亡的陰影籠罩著這

個辦公室，讓誰踏入此辦公室都會心生膽寒的。因此這間辦公室很沈寂，也少有人願意來。大家都知道這是一個嚴重的風水問題，但又不知如何解決，而且大樓是學校公家財產，也不是一般人可以動的，學校的校長、董事長不願管這檔事，就只有任其擱置了。

其實學校的大樓有此的風水問題要解決，是比一般家庭要容易得多，因一般家庭如遇風水太差的房屋時，最好的辦法就是遷居了，另覓一處風水好的屋子來居住。但學校的大樓會始終豎立在那裡會幾十年之久，很難更動。其實，方位、座向是影響房子或建築大運的關鍵，如果房子的大運轉凶了，只要把主要的大門改改方向就能轉運了。另外，亦可利用種植整排樹

木來擋『路沖』之煞氣，只要花點心思，自然能讓此棟樓回春的。

人的大運和房子的大運會相互組合、糾結成不同的運氣

通常，我們住到一間房子，在此屋中賺到錢，或發了財，或是學業、事業上很順利，步步高升了，我們就會很念舊，捨不得換房子或賣掉它，會對這間房子很有感情。但是房子有大運，人也有大運，時間會輪轉變化。房子的大運像一個鐘錶時間的齒輪，人的大運也像另一個鐘錶時間的齒輪，當兩個齒輪相交，相契合時，就是你住在這個房子中的時間。到底這棟房子會帶給你是好運或壞運？大部份人是茫然的，沒有感覺的。

事情一定要經過比較才知道好壞，運氣也要經過比較才能知道是好運和壞運。所以我常勸人不要在同一棟房子住太久，住幾十年之久，是不好的。

同樣一個十年大運，都會其中有幾年好、幾年不好，河況是連續幾十年中，人的大運變化和房子的大運變化，會相互組合、形成各式各樣的運氣，就像賭盤上概率的變化一樣，也會時時在變，亦會有時偏向衰運的一方，有時偏向旺運一方。倘若大多數時間是偏向旺運的一方，那此房子就是對你有利的房子，倘若大多數的時間是偏向衰運的一方，那此房子就會對你不利，而產生刑剋不吉了。

人應順自然，才有財福、富貴

當房子對你不利時，應瞭解而離開，不要一直想用所謂『改風水』來硬要改變它。其實，人是鬥不過天的，大自然的力量無窮，人只能順應自然，躲避自然帶來的災害，而無法扭轉自然的規則的。

常有來學算命的同學問我：到底『五帝錢』或蕭、劍這些道具，是否真能避煞或抵制災禍或對付來刑剋你的小人？

在我認為：以上這些道具，多半是人想像出來的，認為乾隆、康熙這些盛世的錢幣會給人帶來財富，但有沒有用，你自己去試驗便知道了！因為你現在生活的時代也不在康熙、乾隆

朝，那些錢也成了無用之物了，坊間以訛傳訛，成了商人最好的賣點商品，真正要制化風水，還是要以真實的原形的金、木、水、火、土等原料才有用。例如水塘、水瀑、流水泄、水缸，整排綠色樹木、紅、綠、白、黑、黃、藍等顏色，土丘、紅色建築、玻璃、金屬等原料來善加利用，才能確實來制化煞氣，在應對風水的煞氣方面，又以『化煞』比『制煞』好。『制煞』會有『反剋』的問題存在。因此，高明的風水師皆以『化制』為主要手段。只有道行不高的風水師，或怕麻煩又快速想要成果的人，才用『制煞』的手段來改變風水，那將來到了『反噬』的時刻，就是遭災滅亡的末日了。

第二章　命格和八字會主導你所居住的屋相

什麼樣命格的人會住什麼樣的房子，在冥冥之中，都有一個定數。那是你自己選擇的，或是你周圍環境幫你形成的，並不是誰規定你應該住什麼樣的房子的。

在紫微命理中，人的田宅宮和遷移宮會決定你會住何種形狀、外形，或佈置的房子，也會決定你房子周圍的環境。也許你會覺得很奇妙！但是命盤的格式和命格的形成，以及你會運

用的思想模式，精打細算的模式，儲存錢糧穀物的模式，全部都在命盤上的規劃之中，所以只要拿出命盤來看一下命宮、遷移宮、田宅宮，就能對其人的身家環境有了很清楚的瞭解了。

有的人會問：**那田宅宮不好的人，是否就永遠住不到好房子了？**其實也不一定！有些田宅宮不好的人，他可能自己沒有房子，或自己有個破舊的房子，但他很捨得花錢，還會另外住在很貴或很漂亮的房子中，只不過這個漂亮房子產權絕不會是他的。

在命理上，**田宅宮也代表人的『財庫』**。有的人賺了很多錢，沒地方放或本命有錢，但手邊常空虛無財，稱做『有財沒庫』。中國人向來以『有土斯有財』，有房地產才算真正有財富。所以很多人苦拼一生在努力，想要買一棟房子，但是本命『有財沒庫』或『沒財也沒庫』，一生都為房子辛苦、痛苦而無所得，這是非常不值得的事。所以**我常勸一些田宅宮不好、也存不住錢的人**，不要死硬派一定要買房子，或擁有地產、不動產。不必硬把人生浪費在追逐金錢，又為了想買一棟住屋，白白浪費了人生大好的青春。其實人沒有自己的房子也能一樣住得好，生活得好的。人天生是生不帶來，死不帶去的，所以追求到了房子，把它變為自己的，在人生意義上也並無太大的不同。人只要把自己的環境變好，把『自己』放在舒適、幸福、清爽、潔淨、快樂、美麗的環境之中，這就是你對『自己』所做的最大成就的一件事了。所以不論你是租房子住、買房子住，或和人同住，或住宿舍，**其實你要注重的是**：為自己塑造一個好環境。讓自己住的舒適、快樂，這樣你自然而然，會愉快的存下錢來了。有的人想存錢，於是吃不好、住不好，辛苦存錢，但總發覺有些意外多出來要花的錢，因此一直存不到自己想存的錢，十分痛苦。其實人在心情不佳時，運氣是不會好的，當然容易多出很多耗財之財，這又會使你心情更不好，循環的結果，人就會更窮、更存不住錢。

不論你住在什麼樣的房子之中，『屋相』就是你整個居住環境問題的總和，因此都須要好注意觀察與改進。現在就來看看你的命格是什麼？會住在什麼樣的房子之中，會擁有何種『屋相』？

第一節　各種命格的人所擁有的『屋相』

那一種命格的人，就會擁有那一種屋相。那一種屋相也特別會找上某些特定命格的人士。這是磁場相合、相吸引的關係使然的。**所以命宮或遷移宮裡有擎羊星的人**，不是特別有潔癖、超細心、古怪、挑剔，就是有些邋遢，不會整理東西，會身處雜亂的環境，或把房子搞的髒亂不堪。因為命、遷有擎羊時，擎羊是一種刑剋，所以有兩極化的強烈性格。**當田宅宮有擎羊時**，也是這種狀況，其人家中不是太乾淨了，常一無所有，要不然就是髒亂、邋遢不整理。所以有些人外表穿的很漂亮，但不可去他家看，否則會大吃一驚，為何如此表裡不一？

命宮、遷移宮、田宅宮有陀羅出現時，有潔癖的機會是很少的，其屋相多半是雜亂、破舊、邋遢、髒亂的。其人還容易住在雜亂的工業區，或墓地旁，或一直整修不好的道路旁或住屋周邊常有工地。

命、遷、田等宮有擎羊的人，也易住在三叉路口，或周圍有高壓電桿或是有讓人不舒服的景觀的地方。因為本命受到刑剋，所以環境中會出現有刑剋的物象出來，例如住屋正對面有高聳的煙囪，或住屋對面有尖尖的塔或避雷針、旗桿等物。

有一位自稱懂一些風水的學校老師，有一天請我到他家中去做客，想驗證一下他所說的風水忌諱。結果我一到他家門口。便覺得地形和屋相是和他們夫妻性格非吻合的。這位老師

是巨門坐命子宮，遷移宮有『天機化權、擎羊』。其妻是巨門、鈴星、擎羊坐命午宮的人，對宮是天機化權。而夫妻倆的田宅宮都是『武曲、七殺』。而他們的住家在汐止山上的山莊，面對著是一條乾涸的、有裸露石塊的河流。還有好幾座高壓電塔輸送電線，蜿蜒的一路朝向他們這排住屋而來。我很驚訝這位懂點風水的老師竟然會選這樣的地形來買房子住家。每當有颱風，汐止淹水時，那條有石塊的河流就不見了，他們住在山上也照淹不誤。有時他們家裡沒進水，但外通道路全不見了，也十分不便。會選擇這樣的地理風水的人，自然是命格中有擎羊星的人所使然的了。先天上，他們就會覺得這樣沒關係，是還ok的了。殊不知，擎羊先天性的刑剋，也刑剋在觀

念和眼光，以及抉擇之上了。

命宮、遷移宮、田宅宮有火星、鈴星出現的人，容易突然買房子，或突然失去房子，也會住在有特殊造形、有尖頂或尖銳物突起的房子，或家中佈置有奇怪的東西的景象。

田宅宮、遷移宮、命宮有『火星、貪狼』、『鈴星、貪狼』，或『武曲、貪狼』的人，會突然有暴發運買房子，但擁有房地產的時間不太久，很快又會失去房地產，這是『暴起暴落』的關係。但只要人的田宅宮有貪狼星出現，不論是紫貪、武貪、廉貪，都會與房地產無緣份，對房地產沒興趣、不關心。常有人有這種格局時，有時家中有房地產可讓他繼承，但他喜謙讓或有其他原因，或嫌房子破舊、價值不高，因為沒興

趣繼承，或一直想推諉、賣掉。

命格不同，會讓你的思想、觀念，眼睛所看到的東西，都完全不一樣，所以你所能獲得的東西，和所選擇的東西都不一樣。

各命格依據『命、遷、田』三宮的內容而擁有的屋相

各種命格的人，會依據其人的田宅宮而顯現出其人先天的住所的外形狀況，也會顯現出其人是否擁有房地產，及擁房地產的外形屋相。各命格的人，更會因為其『命宮、遷移宮及田宅宮』中進入擎羊、陀羅、火星、鈴星、化忌、天空、地劫或殺、破、狼等星而對其住屋的屋相，和擁有房地產的狀況而有

所影響變化。我們可以從一個人的田宅宮看出此人所住的房屋是高樓大廈或平房，也可看出房屋的價值高低，以及房屋外形的顏色，但『命、遷、田』三宮中有羊陀、火鈴、劫空、化忌時，其人住屋就會擁有時間不長久，以及屋相外形有變化，可能是對其人有刑剋、不利的。其屋相的顏色也會不適合其人。所以當我們的『命、遷、田』等宮有上述這些忌星存在時，就特別要小心選擇自己所要住的房屋，以免受剋而不順了。

現在就各命格原始的屋相狀況做解說，請大家對照一下，看看是否和你出生時的住屋條件相當或是和你現在的住屋條件相當？不太相當的，可以修正一下，以便為自己創造好風水來增運。

紫微坐命的人

有紫微星入命宮的人，大多出生於小康之家，或不富裕的家庭，而家運正要蒸蒸日上之時。所以有紫微入命宮的人的家業或住屋未必會很豪華美麗的，不過，他們喜歡高級品的東西，會努力去追求而已。

紫微入子、午宮的人，遷移宮是貪狼居旺，田宅宮是空宮有陽梁相照，表示此命格的人遷移的機會很多、很大，自己常不在家，而家中有長輩在幫忙看家。而且此命格的人容易住公家宿舍，房子的外形是高大整排的大樓型的房子，有時整排大樓會形成圓形，類似體育館，大樓住戶圍成一圓形的整體建築

物，中間中空有中庭。你也可能住有圓弧形外觀的房子，房子的顏色容易是紅色或土色。但如果你的『命、遷、田』三宮有羊、陀、火、鈴、劫、空、化忌出現時，你住屋外觀顏色可能會變為黑白或綠色。但要以你的喜用神吉色為主才對。

紫府坐命的人，田宅宮是巨門居旺，遷移宮是七殺，會擁有很多不動產，房子的顏色多半是黑色或水藍色，或灰色，你的家中人口眾多、複雜，會有一些關係不同的人住在一起。房子的外型會和別棟不一樣，也容易住高大的樓房。房子問題多，如果再有火星在田宅宮的人，房子外型更古怪，多尖頂或尖銳突起，如避雷針等。屋相顏色也會變成帶有紅色的紅黑型。有陀羅、火鈴、劫空、化忌在命、遷、田等宮時，屋相的

外形和顏色會變得不一樣了，會更古怪一些。

紫相坐命的人，田宅宮是空宮，有『太陽、太陰』相照，遷移宮是破軍居旺，表示你家中家運容易起伏，也容易搬家，容易住在舊的、高大或不起眼房子之中，這房子還蠻值一點錢的。房子也會是大樓中的一間，房子外觀是暗紅色。（命、遷、田三宮有羊、陀、火、鈴、地劫、天空、化忌時，你住屋的顏色和外貌就會變，也不易擁有房地產，這是受到刑剋的原故。）

紫殺坐命的人，田宅宮是空宮，對宮有『太陽、巨門』相照，你的遷移宮是天府，表示你會很辛苦去賺自己的房地產。但不容易。而且，子女多你就會多擁有房地產。你的住屋是外表暗紅色、較高大的大樓、大廈的房子。田宅宮有祿存時，屋相會是土黃，或紅色帶土黃的顏色。擁有房子一棟，住屋單獨豎立，與周圍房屋有點距離和隔閡。

紫破坐命的人，田宅宮是太陰星，遷移宮是天相。紫破坐命丑宮的人，田宅宮的太陰居陷，表示家窮，房地產會有，也是不美、較寒酸的，只是一般的公寓房子而已。顏色是黑或灰色。紫破坐命未宮的人，田宅宮的太陰是居旺的，會擁有較多一點的房地產，也會是價值稍高的公寓房子，顏色是黑色，或有較多玻璃窗的房子。

紫貪坐命的人，其田宅宮是天梁居廟，遷移宮是空宮，表示其人一生的運氣會隨環境變化，但會有房地產，會有父母給

的家產，或是國家、公家分配的房舍居住。家中易得到良好的照顧，家中也會出有名人。家宅的房子是長型橫排公寓中的一間，房子顏色是土色、土灰色、或灰紅色。

天機坐命的人

有天機入命宮的人，屬於『機月同梁』格的人，做上班族為正途，其人父母宮為紫微，故一生中多靠父母，父母會對他好，給他房地產，若父母宮有羊陀、火、鈴、劫、空、化忌時，表示家窮，而無不動產了。

天機坐命子、午宮的人，田宅宮是天府。天機坐命午宮的人，田宅宮的天府居旺，坐命子宮的人，田宅宮的天府居得地之位，其屋相皆是較值錢的公寓房子，顏色為土黃色，或灰土色，或較白的灰土色。

天機坐命丑、未宮的人，田宅宮是貪狼居廟，其遷移宮是天梁居旺，表示會在父母的照顧下居住，與房地產無緣。父母要是不在了，便較淒慘，父母或許會給你房地產，但你仍留不住，易賣掉。你的住屋易是土中帶綠的顏色，也易是綠色，或周圍有植物的黃土色建築，你的住屋會是較高獨棟的房屋。

天機坐命巳、亥宮的人，田宅宮是破軍居得地之位，遷移宮是太陰。坐命巳宮的人，生活較佳，但都易無房地產，也存不住錢。你的住屋容易是舊屋，外表也不美麗，會有很多電線或雜亂的景象。房子顏色是黑色、水色、藍色。

機陰坐命的人，田宅宮是天相居得地之位，遷移宮為空宮，表示你很愛東跑西跑，但都是會回到平安穩定的家中才覺得舒適享福，你一定會擁有房地產，是舒服的公寓或平房，房子顏色易是白色、水藍色、黑色或藍色。

機梁坐命的人，田宅宮是空宮，對宮有武貪相照，遷移宮也是空宮，表示你不一定能長久擁有房地產，你會隨運程起伏，家財而有變化。你容易住在突然擁有的房子之中，房子外觀易為表面看起來值錢，但會蓋的有點馬虎的房子。顏色為白綠相間的房子或外表是不銹鋼、白金與綠色玻璃所組成之大廈。

機巨坐命的人，田宅宮為七殺居旺，遷移宮為空宮。表示會隨運起伏，一生打拚能有一棟房地產，多買就會辛苦。屋相是白色、白灰色，或白鐵、不銹鋼或玻璃圍幕所組成之建築，或是長相普通，不太豪華，能有生活機能的房子。

太陽坐命的人

太陽坐命子、午宮的人

太陽坐命子、午宮的人，田宅宮為『紫微、貪狼』。遷移宮為天梁居廟。表示其人容易受長輩或國家或政府的照顧，能住在外表不錯的房子之中，但房子所有權不會是他的。屋相是外表高大、美麗、精緻，但會有些小缺點。或是位於城市精華區，地段好，價值高，外表則普通。屋相的顏色是土黃色，其中某些部份有綠色。或是一塊黃土色、一塊綠色的花紋顏色。

太陽坐命辰、戌宮的人，田宅宮為『紫微、破軍』，遷移宮為太陰，在命格中『日月居旺』的人，會有房地產。命格中為『日月反背』的人，較窮，易無房地產。屋相為有價值的古董房子或古蹟之宅院。或是外觀不佳、待拆除，但價值高的房子。房屋顏色為暗土黃色，或黑咖啡色。或土黃與黑色相間的顏色。

太陽坐命巳、亥宮的人，田宅宮為紫府，遷移宮為巨門。表示其人很愛吵著買房子，或環境很複雜，最後也擁有高級值錢的房子，房子多半是漂亮的大廈、高樓，屋相顏色是土黃色，或發白的土黃色。

陽梁坐命的人，田宅宮為紫微，遷移宮為空宮。其人會受

父母或祖上照顧，而有房地產，家產旺，坐命卯宮的人，『命、遷、田』三宮無煞星，家產多。坐命酉宮的人家產較少，屋相是高大、精緻、高尚的大廈、大樓。顏色是土黃色。

太陽、太陰坐命的人，田宅宮是『紫微、天相』，遷移宮是空宮，表示其人會隨運而轉，但有父母給的或自己賺的房地產，房子是還算美麗的普通房子，家中佈置美麗，房子外觀顏色是帶黑的土黃色，或是發黃的水藍色，或是黑黃相間，或是水藍和土黃色相間的顏色。

陽巨坐命的人，田宅宮是『紫殺』，遷移宮是空宮，其人也會隨運而轉，辛苦打拚而為了一棟房子，房子也可能會是父母給的。屋相是外表還算美麗，但是價值不太高的普通公寓或

房子。房子外表也不高，顏色是土黃色較多，但有鐵架或不銹鋼，或玻璃圍起來的狀況。

武曲坐命的人

武曲坐命辰、戌宮的人，田宅宮是天機陷落，遷移宮是貪狼居廟。其人常愛搬家，會隨運氣住不同的房子。運氣好就住外表美麗、屋相佳的房子。運氣差就住屋相差、較醜的房子，更會因『命、遷、田』三宮中有無煞星刑剋而有屋相的變化。倘若『命、遷、田』三宮皆無煞星的人，一生也易失去房子一次再購置才會留存。其人住屋屋相是不太高（最高六、七樓）、獨棟、戶數不多的房子，外表不會太好看，也不起眼，

或有些邋遢、較舊，顏色是淺綠色。

武府坐命的人，田宅宮是『天機、巨門』，遷移宮是七殺。表示其人也容易有多次搬家，但會愈搬愈好，也會買多間房地產。屋相是高大的大樓、大廈，住戶很多，是非吵雜，家中也人員複雜，房屋顏色是墨綠色，或黑色，多樹木圍繞，或是黑綠相間的顏色．或是建築是黑色而窗玻璃為綠色發亮的樣子。

武相坐命的人，田宅宮是天機居平，遷移宮是破軍。表示其人容易搬家、遷移，會隨運氣住不同的房子。其屋相是不高的樓層（會住四樓至七、八層高的樓層），房屋顏色為淺綠色，或水綠色（有羊、陀、火、鈴、化忌、劫空時，顏色會

變，樓層屋相也不一樣）

武殺命的人，田宅宮為天機居廟。遷移宮為天府。表示你也會易搬家，並隨運而住屋相不同的房子，運氣好住好的房子，運不好住屋相差的房子。你所住的房子會是較瘦高型的，非常高佻、樓層也特高，十二層以上、三十層都有可能。房屋的顏色是深綠色，或黑色大理石有綠色玻璃圍幕的大廈，或外表是綠色建築的房子。

武破命的人，田宅宮是天機、太陰。遷移宮是天相。表示你也容易搬家，會隨運氣或財運而遷居。大致能隨遇而安。屋相大致是公寓房子或宿舍，公家房子。房子顏色是黑綠色，或是半黑半綠，或是黑綠相間的顏色（有陀羅、火、鈴、化忌、劫空在『命、遷、田』三宮時，屋相就會變得古怪、破落、顏色也會變）。

武貪命的人，田宅宮是『天機、天梁』，遷移宮是空宮，表示容易搬家，會隨運氣而變動。屋相是橫排較寬不算很高之公寓房子，例如最高六、七層的樣子，屋相顏色是土黃中帶綠的顏色，或是整體是土黃色，但有淺綠花紋的顏色。

天同坐命的人

天同坐命卯、酉宮的人，田宅宮是破軍居廟，遷移宮是太陰。其人容易遷居、搬家，會隨財運而變動。但其人容易住舊屋、二手屋，或年代久、屋齡高之房屋，也易住屋相不佳、屋

沉不好之房屋。房相外觀雜亂、不高。或家中人口雜亂，房屋顏色為黑色、水色，或有波浪型屋簷，或屋頂會打補釘之房子。

天同坐命辰、戌宮的人，田宅宮為天府，遷移宮為巨門陷落，表示其人環境中多是非爭鬥，但會把錢財搬回家儲藏起來，家中就是他的財庫，因此會買多棟房子。屋相是土型屋，橫面較寬的大廈、大樓或獨棟房子，顏色是土黃色，或發白的土黃色。

天同坐命巳、亥宮的人，田宅宮是貪狼居平，遷移宮是天梁陷落，表示不容易得到家財，也易和房地產無緣。住屋屋相是易住在高大、獨棟建築中，顏色是綠色建築。

同陰坐命的人，田宅宮是天相陷落，遷移宮是空宮，要看本命財多、財少再論房屋有無。但多半易失去房地產。屋相是瘦小、不高，舊型，也價值不高的房屋，顏色是舊舊的水藍色，或舊黑色。

同梁坐命的人，田宅宮是空宮，有廉貪相照。遷移宮也是空宮。其人無論如何都會失去房地產，會和房地產無緣，容易居住的屋相是舊屋，有紅色帶點綠的房屋，也會是舊大樓，但設備不佳，或紅綠顏色相間的房子，家中雜亂不已。

同巨命的人，田宅宮是七殺居廟，遷移宮是空宮，如果努力打拚，再加上運好，能有一棟房子，否則易失去。有羊、陀、火、鈴、劫、空、化忌入『命、遷、田』三宮時易失去房

地產。屋相是灰白色或金屬白色，不高的公寓、樓層。

廉貞坐命的人

廉貞坐命的人，田宅宮是天同居廟，遷移宮是貪狼居平。你愛東跑西跑，但一定會回到家中。你會有自己的房地產，最少一棟。房子是普通公寓，或大廈，你會儘量要求屋相很平常，行事低調，不要引人注意。房子顏色是水白色、水藍色、或暗黑色，或灰色。

廉相坐命的人，田宅宮是天同居平，遷移宮是破軍，表示家中房子不美麗，也不高大，是普通、平常、價值也不高的房子。屋相顏色是淺藍色、灰黑色，或灰白色。

廉府坐命的人，田宅宮是『天同、巨門』。遷移宮是七殺，表示環境辛苦，住宅屋相是不太高，但家中人口繁雜、是非多，裝潢也會複雜，裝潢愈複雜時，家中人口也愈複雜。屋相顏色是白和黑的顏色。有火、鈴同宮時，會帶黑紅色。

廉殺命的人，田宅宮是天同居平，遷移宮是天府。廉殺坐命者，多半有家產、祖產，因此會有房屋，屋相是不高的公寓或樓層，屋相也不會太漂亮，也不新、不算精緻，樣子普通，顏色是灰白、水藍或黑色。

廉破命的人，田宅宮是天同、太陰，遷移宮是天相陷落，廉破坐命酉宮的人的房地產較多，較有錢，會是樣子普通但值錢的公寓房子或樣子普通的大廈、大樓房子。命坐卯宮的人較

窮，不一定會有房子，即使有，也會房子較寒酸、不美麗、價值不高。屋相顏色為灰黑，或灰白和黑色相間的顏色，或水藍和黑色相間的顏色。

廉貪命的人，田宅宮是『天同、天粱』，遷移宮是空宮，表示其人運氣會起伏不定，但仍會有房地產，父母會給他。（命、遷、田等宮有陀羅、火、鈴、劫、空、化忌時，易失去或無房地產），屋相是橫排不高的公寓房子，易住七樓以下的房子，顏色是土黃帶白，或土黃帶黑的房子，或是白、黑和土黃色相間的房子。

天府單星坐命的人

天府坐命丑、未宮的人，田宅宮是巨門陷落，遷移宮是廉殺。表示喜歡買房子，但不一定是自己的，有眾人分財。家中是非多，人口複雜。屋相會是不高的樓層或公寓房子，外型不美麗，或須整修，或環境複雜的房子。顏色是黑色、灰色，或淡灰與深灰相間的顏色，或有無用的裝飾複雜的樣子。

天府坐命卯、酉宮的人，田宅宮是巨門居旺，遷移宮是武殺。其人會很辛苦的賺錢來買房子，會買好幾棟房子來儲蓄錢財，房子的屋相是高大、有裝飾性的外觀，顏色為黑色，或灰色的房子。家中所住的人也會複雜。

天府坐命巳、亥宮的人，田宅宮為『太陽、巨門』。遷移宮為紫殺。表示其人會有一、兩棟房子，家中吵雜，多是非，屋相是暗紅或紅黑色的大樓、大廈，或是紅黑相間的顏色房子。

（武府、廉武、紫府坐命的人，請看前面部份）

太陰單星坐命的人

太陰坐命卯、酉宮的人，田宅宮是『廉貞、天相』，遷移宮是天同，表示一生平順，不喜遷移、搬家，但財運不好會搬家。屋相是外表有些舊，但住得很舒服的房子。也會是不高的樓層的舊屋。房子顏色是暗紅色或淡紅色和白灰或黑色相間的

顏色。

太陰坐命辰、戌宮的人，田宅宮是天相，遷移宮是太陽。有『日月居旺』格局的人，家財多，住屋也較好，屋相是高大水型屋的樣子，也會是普通公寓形狀。房屋顏色是灰白色或黑色。

太陰坐命巳、亥宮的人，田宅宮是『武曲、天相』。遷移宮是天機居平。表示環境多變，易搬家，但能住到還不錯的公寓或普通大廈房子。房屋的外觀顏色是灰白色，或有金屬樑架，或有玻璃帷幕的房子，或灰白、黑相間的房子。

貪狼單星坐命的人

貪狼坐命子、午宮的人，田宅宮是『太陽、天梁』，遷移宮是紫微。表示其人一出生就命好，有大家業會等著他繼承，房地產多。屋相是高大橫排很寬廣的大廈，外觀顏色為紅土色或紅色。

貪狼坐命寅、申宮的人，田宅宮是天梁陷落，遷移宮是廉貞居廟。表示其人很難得到祖產，即使有，也是矮小不精緻、不美麗的房子，或照顧不好的房子。屋相是較矮較橫的房子，顏色是土黃色。

貪狼坐命辰、戌宮的人，田宅宮是天梁居旺，遷移宮是武曲居廟，表示其人出生環境就十分富裕，所以會有家產，或由長輩給的房子，也容易有公家機關的房子給他住。屋相是橫寬的高大公寓或大樓。顏色是土黃色。

巨門單星坐命的人

巨門坐命子、午宮的人

巨門坐命子、午宮的人，田宅宮是武曲、七殺，是『因財被劫』的格式，遷移宮是天機居廟。表示是因財運變化，而不一定有房地產。老年時能辛苦打拚一棟房地產，但也要小心留住才行。有此田宅宮的人，家中常吵架、打架，房地產也會失去，或易家破凋零。屋相是外觀不美，而且房子環境中有許多易造成刑剋的東西。房屋的價值不高，為公寓或獨棟建築，也

易被拍賣，或喜歡買法拍屋。房子的顏色是灰白色或有金屬帷幕的房子，或有不銹鋼樑柱的房子，或家中多鐵製品。

巨門坐命辰、戌宮的人，田宅宮是『廉貞、七殺』，遷移宮是天同居平。表示天生喜歡玩樂享福，但房地產要辛苦一生才會擁有。屋相是外表舊，又有點破，不美麗的房子。房子外表也會是有些小家子氣的房子或公寓。房屋顏色是暗紅色或紅灰色。也會是舊房子改建的房舍。或是火金相剋的房子。

巨門坐命巳、亥宮的人，田宅宮是『七殺居廟』，遷移宮是太陽，表示事業好、工作順利能買一棟房子，否則就全無。你的屋相是外表強悍、不美、附近有軍隊或廟宇、寺塔等獨棟的房子，房子是不高的樓層（大約在七、八樓以下的房子），顏色是灰白色或金屬如不銹鋼外牆的顏色。若是玻璃帷幕的房子要小心傷肝肺及大腸。

天相單星坐命的人

天相坐命丑、未宮的人，其田宅宮是太陽星，遷移宮為『紫微、破軍』。坐命丑宮的人，田宅宮的太陽居旺。表示房地產多，可以房地產為事業，屋相是高大寬敞、陽光充足的房屋，也會是公家宿舍，或自己買的大樓，會房地產愈變愈多。房子顏色是紅色。坐命未宮的人，田宅宮的太陽居陷，表示家產少，且易賣掉、消失，屋相是不起眼或舊型建築，也會是舊公家宿舍，或是自置的舊樓，房地產會愈變愈少。房子顏色是

舊暗紅色。

天相坐命卯、酉宮的人，其田宅宮是空宮，有天同、太陰相照，遷移宮是廉破。表示其人家窮，環境不好。坐命卯宮的人還稍好一些，只要田宅宮中無星，相照的同陰居旺，故還能有一、二棟房地產。座命酉宮的人較窮，房地產也易存不住。屋相是窗戶門窗有造型的公寓房子，有些是會懸掛較女性化的蕾絲或花布窗簾的房子，房子外觀顏色是白色、黑色、水藍色，或黑白相間的顏色。

天相坐命巳、亥宮的人，其田宅宮是空宮，有『天機、太陰』相照，其遷移宮是『武曲、破軍』。表示其人環境並不富裕，會住一般公寓房子，但房地產有進出、留不久。如果田宅宮有祿存，可留有一間房子。屋相是高大、瘦高型的公寓或大樓，房屋正面有裝飾性花紋的房子。顏色是墨綠色，或深黑色，或是黑牆有綠玻璃的房子。

天梁單星坐命的人

天梁坐命子、午宮的人

天梁坐命子、午宮的人，其田宅宮是空宮，有紫微、貪狼相照，其遷移宮是太陽。表示其人一生和事業有關，有事業就有房子住，無事業就無房子住。其人可住在美麗、漂亮的大廈，高樓或別墅之中，但房子所有權不會是他的。房子的顏色是土黃色帶綠色。也可能是房子牆壁是土黃色、窗玻璃是綠色，也會是土色房子，但周圍有很多綠色樹木植物。

天梁坐命丑、未宮的人，其田宅宮是武曲居廟，其遷移宮是天機居陷，表示其人環境很差，但會住在值錢昂貴的房子中，其人會得祖產，有女性長輩照應，但容易父輩早逝或父輩較弱，所以有房地產但不見得能花用。其屋相是價值貴，但孤獨或建築堅硬之房子，也會是做生意之店面、外貌不好看，但能生財。房子顏色是白色或金屬色，或玻璃牆面。

天梁坐命巳、亥宮的人，其田宅宮是『廉貞居廟』，遷移宮是天同居廟，表示你很愛享福，除非有一天你很想買房子時，就會努力去計劃、策劃而買一棟房子，再有需要時，再會努力規劃再去買一棟。屋相是舊屋，外表不高大，樣子普通的公寓或大樓，顏色是紅色。

七殺單星坐命的人

七殺坐命子、午宮的人，其田宅宮是空宮，有天機、巨門相照，其遷移宮是武曲、天府。表示你環境富裕、容易賺錢、房地產會隨你的賺錢狀況而有多有少。也會有進出變化。你喜歡住在文教區，會住高大、熱鬧、有水準、獨棟的大樓或公寓房子。房子顏色是墨綠色或黑色與綠色相間的顏色。

七殺坐命寅、申宮的人，其田宅宮是太陽，遷移宮是紫微、天府。坐命寅宮的人，家財較旺，房地產多；坐命申宮的人，房地產有進退。其人容易住氣派非凡的大廈、高樓，也易買精緻氣派的高樓大廈，或有階梯登高而進入的房子。房子的

顏色是土紅色或灰土黃色。

七殺坐命辰、戌宮的人，其田宅宮是空宮，有天同、巨門相照，其遷移宮是廉貞、天府。表示其人過的是小康之家的生活，錢財不多，有房子也是普通公寓，或一般人所住之樓層，不會太美觀。也會是常有口舌是非紛爭的地方，也易失去房子。房子顏色是灰白色，或黑灰色，或舊了分不出顏色的房子。

破軍單星坐命的人

破軍坐命子、午宮的人，田宅宮是太陰，遷移宮是廉貞、天相。坐命在午宮的人，家中較有錢，田宅宮太陰居旺，房地

產多。坐命子宮的房地產少，或無，也不易存錢。屋相是外觀有花紋或裝飾的公寓房子或大樓。房子顏色是黑色或水色。其人也容易買或住舊樓。

破軍坐命寅、申宮的人，田宅宮是太陰，遷移宮是武曲、天相。坐命寅宮的人，房地產少，或無且不值錢，家中不富裕，且不易存錢。坐命申宮的人，房地產較多，且值錢也容易存錢。其人的屋相是外觀有花紋或裝飾多的公寓或大樓房子，顏色是黑色、水色的房子。

破軍坐命辰、戌宮的人，其田宅宮是太陽、太陰，其遷移宮是紫微、天相。坐命戌宮的人，房地產能價值稍高一些，但是不起眼，外觀稍有裝飾的房子。坐命辰宮的人，有祖產，價

值不高外觀裝飾少的大樓，房屋顏色為暗紅色建築。

田宅宮有祿存單星

田宅宮有祿存單星時，表示有一棟房子，是獨棟、瘦高，孤伶伶的房子，房子外觀呈土黃色。

田宅宮有羊、陀獨坐時

田宅宮有擎羊獨坐時，表示你的財庫受到刑剋，你也會住在外形古怪、或環境不佳，對你不利的房子之中。你容易沒有房地產，縱使有，也會牆壁有殘破、雜亂之象，或附近有高壓電塔、三叉路口之路沖或有二分之房屋，易造成你家人的血光之災。你所住的房子是外表殘破的舊樓或公寓。顏色是有火紅和金屬共同組成的房子。

田宅宮有陀羅獨坐時，表示你的財庫受到刑剋，你會住舊屋、殘破之房屋，或有石塊雜亂堆成，或在墓地旁之房屋或公寓，房屋顏色是灰白色或舊黑色。

田宅宮有火、鈴獨坐時

田宅宮有火星獨坐時，家中容易突然有人來訪而熱鬧，平常沒人在，家中也會出現奇怪的人，屋相是有尖頂，或有突出物的房子，或造形奇特的房子，周圍有塔寺、火爐等物，顏色是火紅色。要小心家中易失火。

田宅宮有鈴星獨坐時，家中易發生奇怪的事，家中也常無人在家，你家中偶而會有人，家中也易出現有古怪樣子的人。屋相是有尖頂，或怪異突出物，或附近有塔寺尖頂的房子，顏色是暗紅色，或有螢光紅的顏色。

田宅宮有劫、空獨坐時

田宅宮有天空獨坐時，表示財庫常空，受到刑剋。你會家中常無人在家。故房地產也易成空，屋相是房屋易陷於地面之下，有地下室，附近也有空地、濠溝、易淹水，家宅也易破敗。房子顏色是灰紅色，為舊屋之色。

田宅宮有地劫獨坐時，表示房地產易賣掉、消失。你的家中常無人在家。屋相是舊屋、易破蕩，附近有墓地或堆積物、坑地，房屋也易陷於地面之下，或有地下室等，房屋顏色為暗紅色。

第二節　八字喜用神會主導人住所屋相的吉凶

當人在選住所或買房子的時候，首要第一件事，就是要看方位。要找一間有利於自己方位的房子，是風水學上第一大事！先把房子的座向定位在自己的吉方、財方後，才能陸續來講究後面的細節問題。如果連座向的方位都錯了，那以後再花

多少力氣去看其他風水的條件，其實都是緣木求魚，多此一舉的，因為根本就毫無效果可言了。所以我常看到一些人，連自家方位、門向都搞不清楚，就看看電視、報紙，或道聽塗說，跑去買了一堆水晶、魚缸，掛飾來佈置家中風水，殊不知這些東西對某些人來說反而是刑剋極重的東西，很可能會造成你洩氣衰運更嚴重，更引發血光、車禍、敗財、窮困更迅速？所以每個人想要瞭解風水之事，要先從瞭解自己的吉方、財方、喜方、凶方、忌方等方位開始，方位搞通了，才能講風水的細則，也才能引導出屋相的吉凶。

屋相的吉凶方位的認定，首先要以居住者，或房子的所有權人為主要認定對象。例如：房子掛在誰的名下，就以誰來計算吉方、凶方。倘若你要租房子，也以主要居住人或簽約人為計算吉方、凶方的主人。一個家庭中，就以一家之主為房子方位的選擇對象。

選方位，是從人的八字中的『喜用神』而出的。八字是你出生時間的『年、月、日、時』的干支組合。而喜用神是經由你出生時間干支組合用五行的原理，去計算、平衡八字中的五行之氣所得出的重要條件。這個條件就是能補足我們生命元氣不足的地方，所以『喜用神』也是每個人『命理的藥』。有了喜用神，財方、吉方、凶方、忌方自然能定出來了。

『喜用神』的重要及妙用非常多，人自生至死都需要它。

人活的時候每天睡覺，床頭的朝向需要看喜用神的吉方、財

方。書桌或辦公桌的座向也需要看喜用神的吉方、財方。自然房屋的座向是必然要看喜用神的吉方跟財方了。另外，當人死了，蓋棺論定，選墓地下葬時，要看陰宅時，也是要以喜用神的吉方、財方來選定方位，才會蔭庇子孫。方位不對，也會使後代子孫遭凋零的。

喜用神既然如此重要，要如何來計算、尋找呢？因為喜用神是八字學中的精華。一般八字學不精的人，是無法來計算、演算的。而且要學，也沒那麼快的時間學會，你可以請教精通八字學的老師來幫你算出喜用神是什麼，會較快能運用到風水上。

有些初學風水的人，會用『東四命』和『西四命』來論定

房屋座向和門向，但這種方式是以出生『年』做為時間的條件，此時間條件太長、太寬鬆了，以至於不準。光以『年份』來論定是不足、不準的，常常月干支、日干支、時干支就和年干支起了變化衝突了，整個命格的體質也變了，如何還能以『年份』為依歸來算喜用呢？因此『東四命』和『西四命』的講法，只是一般大略的歸類法，並不能以偏蓋全的來應用。每個人最好的就是以本命的基本形式所計算選出的喜用神才能補足你元神的不足，或抑制太超過的五行之氣，穩定你的元神，才能真正對你有利，幫助你在人生的道路上活得順遂。

大致上來說，以季節來論，**夏天生的人**，農曆四、五月月生的人，以及大暑之前出生的人，**多半命格中需要水**，因為火

炎土燥，需水若渴，會用水來做喜用神。水有分壬水和癸水之分。壬水是大水，如江、海的水。癸水是雨露、小河的水。專要看命格中需水的多寡來用壬水或癸水做命格的藥（喜用神），才是最佳的！

冬天生的人，農曆亥、子、丑月（農十月、十一月、十二月）是天寒地凍的月份（中國命理是以中國大陸河南為命理中心區），故**多半命格中需火來溫暖及調節氣候**，故會用丙火或丁火來做喜用神。丙火是太陽，丁火是爐中之火，專要看缺火的狀況，以及格局的搭配，才能定出是用丙火或丁來做喜用神。另外，丁火能剋制庚金，能鍛煉庚金，使庚金變為有用之材，所以在秋天出生的人，有時也會用丁火做用神，這完全是看格局的需要而選用的妙方了。

屋相方位與座向

喜用神為『甲木』者——宜住『座西朝東』的房子，門向東方。

喜用神為『乙木』者——宜住『座西朝東』的房子，門向東方。

喜用神為『木火』皆可者——宜住『座西朝東』或『座西北朝東南』的房子，門向東方或東南方。

喜用神為『丙火』者——宜住『座北朝南』的房子，門向南方。

喜用神為『丁火』者——宜住『座北朝南』的房子，門向南方。

喜用神為『火土』皆可者——宜住『座北朝南』或『座東北朝西南』的房子，門向南方或西南方。

喜用神為『戊土』者——宜住『座北朝南』的房子，門向南方。

喜用神為『己土』者——宜住『座北朝南』的房子，門向南方。

喜用神為『庚金』者——宜住『座東朝西』的房子，門向西方。

喜用神為『辛金』者——宜住『座東朝西』的房子，門向西

喜用神為『金水』皆可者——宜住『座東朝西』或『座東南朝西北』的房子，門向西方或西北方。

喜用神為『壬水』者——宜住『座南朝北』的房子，門向北方。

喜用神為『癸水』者——宜住『座南朝北』的房子，門向北方。

※在屋向和房屋座向方面，有兩個方位是『偏財位』。例如命格『需要木或火』則以東北方為偏財方位。命格需要金水的，則以西北方為偏財位，這兩個方位稍有不同點，就是以東北方為偏財位時，三個月為一期要換位，否則會轉

為衰運期，就不吉了。但你本命喜用神需要木火的，也不能轉換至西北方的方位，只能暫時待在南方或東方，等三個月後再移至東北方位，倘若是『開門』，以此為方位，要變來變去就太麻煩了，所以就會捨棄用偏財方，用正財方位了。

喜用神的財方、吉方與凶方

喜用神為『甲木』者——吉方、財方為東方。凶方為西方。

喜用神為『乙木』者——吉方、財方為東方。凶方為西方。

喜用神為『木火』皆可者——吉方、財方為東方或東南方。凶方為西方或西北方。

喜用神為『丙火』者——吉方、財方為南方。凶方為北方。

喜用神為『丁火』者——吉方、財方為南方。凶方為北方。

喜用神為『火土』皆可者——吉方、財方為南方或西南方。凶方為北方或東北方。

喜用神為『戊土』者——吉方、財方為南方。凶方為北方。

喜用神為『己土』者——吉方、財方為南方。凶方為北方。

喜用神為『庚金』者——吉方、財方為西方。凶方為東方。

喜用神為『辛金』者——吉方、財方為西方。凶方為東方。

喜用神為『金水』皆可者——吉方、財方為西方、西北方。凶方為東方或東南方。

喜用神為『壬水』者——吉方、財方為北方。凶方為南方。

喜用神為『癸水』者——吉方、財方為北方。凶方為南方。

屋相根據喜用神而有的吉色與屋形

喜用神為『甲木』者——宜住外觀為綠色房屋，或外形高大或瘦高型之大廈建築，最好在十層樓以上之建築物。

喜用神為『乙木』者——宜住外觀為淺綠色房屋，或外形是瘦形建築物。

喜用神為『木火』皆可者——宜住綠色或紅綠相間的房子，或住在瘦高型的紅色房子。

喜用神為『丙火』者——宜住紅色高大的房子或大樓建築，

有尖頂亦可。

喜用神為『丁火』者——宜住紅色或淺紅色的公寓或不高的大樓建築，宜在十層樓以下的建築物，或平房，有尖頂亦可。

喜用神為『火土』皆可者——宜住紅色、紅土黃色、紅咖啡色及樓面寬或有梯形形狀的房子或大樓。

喜用神為『戊土』者——宜住顏色為土黃色，或咖啡色之房子，房子形狀為橫寬，但不高、地基寬大的房子，類似倉庫型的房子。

喜用神為『己土』者——宜住顏色為土黃色或淺土色或淺咖

啡色之房子，也是橫面寬但高度不高的建築。

喜用神為『庚金』者——宜住白色房子或金屬壁面，或玻璃壁面的房子，也宜是方型、長方型建築。

喜用神為『辛金』者——宜住白色和牆面有不銹鋼、白鐵類裝飾的房子。

喜用神為『金水』皆可者——宜住白色、黑色、水藍色、深藍色，有金屬色外牆做裝飾的房子。

喜用神為『壬水』者——宜住顏色是黑色、水色、深藍色的房子，形狀為外觀有波浪型裝飾的、橫寬型的房子。例如巴洛克式的房子。

喜用神為『癸水』者——宜住顏色是黑色、水色、深藍色的房子，形狀外觀有小的波浪型或裝飾圖案，橫寬不高的房子。

※先前講的是每個人依命格不同，先天性會擇住屋的顏色與屋相外觀。**此刻講的是依據喜用神喜用所選出的修正後，你應該選擇的住屋顏色與外觀形狀**，這是非常不同的。你也應該確實的掌握對自己有利的財方和吉方，以免在凶方居住和生財，會辛苦無所得，且易多災難和血光、疾病的發生。例如房子買不對自己的方位，買到的凶方方位的房子，會有諸多不順的事，也容易再賣掉而損失錢財。

有一位朋友，先後在淡水、北投、石牌、天母等地買了五次房子，都是買了又賣、賣了又買。起先我以為她是投資客，所以會買賣頻繁，有一次在停車場碰見了，她向我吐苦水，說這兩、三年光就房子買賣之間的手續費及稅金，就花了近二百萬元，還沒找到她理想的房子，內心鬱卒，快得憂鬱症了，她是一個公務員的身份，又快把退職金花完了，十分懊惱！我問她：為何買了又要賣呢？她如數家珍的從頭說起：第一次是家人和朋友都笑她笨，買房子買貴了，她一氣，就把房子賣了，損失了過戶的手續費和地價稅稅金。第二次是她的弟妹跟她說：那間房子風水不好，又買貴了。第三次是她弟弟說：房子沒有停車位是不行的，結果又賣了。第四次是那間房子的隔壁

幾間，就有一間鬼屋，害怕鬼會跑過來，就趕快賣了。最後一次是她母親說：她買五樓的房子太高了，因為這位朋友腿不方便，有小兒痲痺症，常穿鐵鞋或坐輪椅，怕有事時逃生不便。

聽了這許多，我看看眼前這個人，外表還正常，但實際上腦袋真有夠不清楚的了！因為是她想要買房子，為自己退休後養老用，自然要考量自己的使用舒適度和方便處，而不是光聽親戚七嘴八舌而胡亂買賣的。而且每個人最重要的、最基本買屋條件，她好像完全懞懂不知，還要妄談風水的問題，豈不可笑！其實會買了又賣，賣了買又賣，表示她和這些房子的緣份都不深，也不適合。如果是適合，又有緣份的話，就不會輕易賣掉了！

要找到對自己有利的風水的房子，以及和自己有緣份、住起來舒服的房子，首先就要從對自己有利的方位開始找，這才是最基本的買屋、住屋的風水條件。方位和屋向錯了，風水再怎麼調，也難調出對自己有利的風水出來的。

經我幫這位朋友找出喜用神後，發覺此人的財方、吉方是南方，命中是須要火的，自然和屬北的淡水、北投等地不合，也住得不舒服了。因此她需要到台北市的南區，或台北縣的中和、永和、板橋地區去買房子為宜，也要買門向朝南的房子較佳。

這位朋友本來是想靠近娘家人居住較安心，而在北區買房子，但經過這兩年的折騰，已感覺靠別人不如靠自己，最後終

於在板橋找到自己喜歡，又住起來舒服的房子。而且沒過多久，還發覺房子又增值了一些而高興不已。

很多人都喜歡談房子內外的風水，喜歡研究放置一些風水擺設來增運、改運。殊不知風水最基本的問題，就是方位和門的朝向的問題。這兩個基本問題錯了，再怎麼改風水、擺吉物都是枉然無效的！有時候反而更洩氣、運不好，工作不順或財窮！

第三章　屋相的基本形式

屋相的基本形式是以五行『金木水火土』的形式來分類的，但在每一種屬性的形式中，又會以房屋的正面形狀，或地基形狀，以及外觀顏色、外觀質材、屋形的高矮胖瘦，房屋面向、門向，地理位置等方向的條件來分屬於各自的五行形式。每一種五行形式的屋相會有各自的意義，逐一不同，例如**五行屬金的『金形屋』屋相**，主富、人丁旺，會有富貴。住在裡面的人會做事一板一眼，講求規矩，也容易守承諾、遵孝悌、生活平穩舒適，能積富，此種屋相彷彿武曲星坐鎮一般，故又稱**『武曲形』**屋相。

五行屬木的『木形屋』屋相，主名聲，適合讀書、升官，但為清官，這是八字命格中木火旺的人最適合住的屋形。我的一位老師，一家四口，夫妻帶子女，皆為博士，也一起在大學中任教做教授，據說他們家在巴黎的住家房子就是這種『木形屋』屋相的房屋，所以一家四口在法國巴黎都拿到博士學位。這種房屋不主財，財不多，但房子氣旺的話，再加上住的人本身運氣也不差，則功名利祿還是有的。除非房屋另有刑剋，則另當別論了。此種屋形彷彿貪狼星坐鎮一般，故又稱**『貪狼形』**屋相。

五行屬水的『水形屋』屋相，是外觀呈波浪型、水波型、流線型的屋相，也包括橫寬，屋頂呈波浪型的房屋。這種房屋要蓋得美觀、藝術、受人讚賞，待在裡面的人會人緣好、交際手腕圓滑、懂得做生意。此種房屋一般不適合住家，適合做大賣場，否則易淪為酒色之聲色場所，或住在裡面的人易操業或紅杏出牆。此類屋相又稱做『**文曲形**』屋相。此種屋相為現金流量大、主財的屋相。

五行屬火的『火形屋』屋相，主刑剋，易遭火災，或暴起暴落，也易出車禍，有血光，住在其中的人易脾氣爆躁、不穩定，也易生憂鬱症或躁鬱症，或官能性障礙，更容易自殺或鬧事，多是非衝突。此種屋形是屬『**廉貞形**』的屋形，為刑祖剋親，易家人離散的不吉屋相。

五行屬土的『土形屋』屋相，主富，更能累積增加不動產，增加更多的房屋和土地，富甲一方，也會有蔭財。但住這樣的房屋不會出有名聲或會讀書的人。此種屋形所產生的人物多半是內斂、不聲張、處事低調，但有家財的人。此種屋相又稱『**天府形**』屋相。

金形屋

金形屋又分為二種，一種是『**天相形**』屋相，一種是『**武曲形**』屋相，

『天相形』屋相

房屋為四面都是正方形的房屋，為『天相形』屋相。此種屋相常是房屋開門的正面，房屋的牆壁之寬、長、高都差不多，例如此房屋是兩層樓的高度，其房屋正面橫寬的寬度也是兩層樓尺度的寬度，其前後深淺的空間寬度，也是兩層樓高度的尺度，因此是正方體的立體建築。此建築能豐衣足食，亦能產生出賢秀的人才出來。

◎外表是深黑色，或深灰色的方形

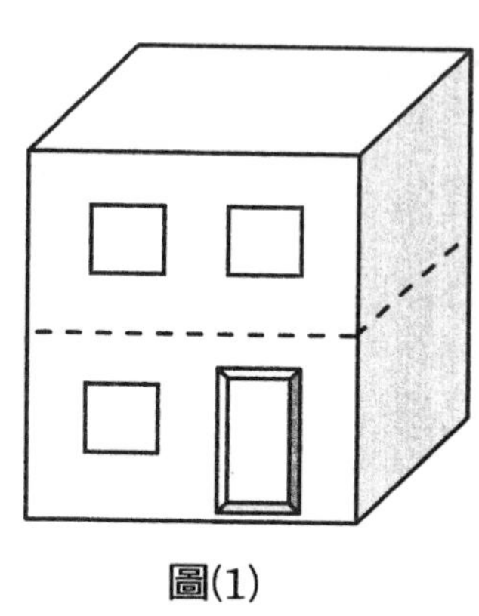

圖(1)

房屋，也為『天相形』屋相。包括了外觀有深黑色大塊玻璃、幃幕的房屋，或是有深黑、深藍色玻璃窗戶的近方形的屋屋，皆是『天相形』的屋相。

『武曲金』屋相

此種屋相為屋型地基為長方形的房屋，在平面圖上很方正。有些房屋是深度很深，門面較窄，由正面看來是直的長方形。有些是深度較淺，而門面這一面較寬，由正面看起來是橫的長方形。此種『金形屋』的房屋也主富，而且人丁興旺，懂孝悌、重承諾、重規矩，生活平穩而積富。（如圖(2)）

◎外表是白色，或金屬色，不銹鋼、白金色或白色透明玻璃的房屋，皆為『武曲金』的屋相。

圖(2)

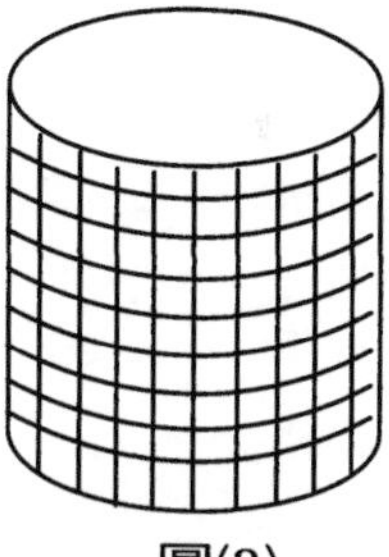

圖(3)

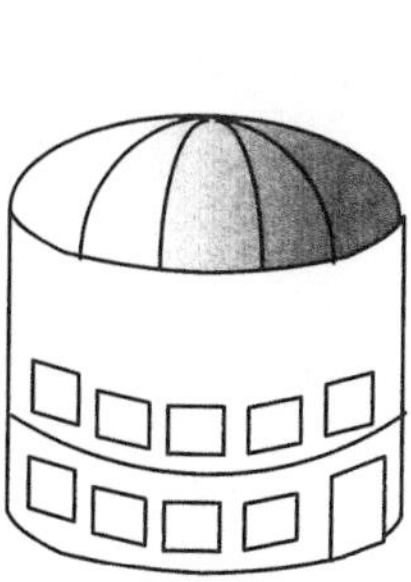

圖(4)

◎圓形屋或圓柱形玻璃幃幕的房子，也屬於『金形屋』，但這是主刑剋的房子，圓柱形房屋或圓頂式的房屋，通常不適合人居住，會對人刑剋，造成孤寡狀態。（如圖(3)、圖(4)）

◎房屋本身屬於『金形屋』，但窗戶玻璃用帶有綠色的玻璃，為『金木相剋』，也是不吉。或窗戶玻璃用帶有紅色光的玻璃，亦為『火金相剋』，亦為不吉。窗戶為房屋進氣的地方，也為房屋的眼睛，如果住在此等房子中生活久了，容易傷眼、傷腎，以及肝腎及消化系統不佳。如果門的部份亦是用這種有相剋狀況的玻璃形式，也會有消化系統及肝腎方面的問題發生。

◎金形屋適合的窗戶玻璃是白色、藍色、黑色，屬於金水系列的顏色，千萬不可用木火系列的顏色玻璃，以防有沖剋煞氣。

◎金形屋外牆壁的顏色必須是白色或金屬質材或是石材的為

吉，否則用藍色、黑白等金水系列的顏色為佳。

◎金形屋最佳的面向方位是面朝西方，是坐東朝西。如果方向弄反了，也是有刑煞不吉的。

◎金形屋最適合八字命格缺金的人居住，能為你帶財來。通常八字缺金的人，會意志不堅定、懦弱，命中財少。如果能有緣住到金形屋中，便能改善性格，變得做事積極，而能多生財。普通能住到『金形屋』的人，還多半是八字命格本身屬金的人，性格較剛硬，判斷力強，重承諾、守信用，積極奮發，穩紮穩打，能事業成功。

木形屋

木形屋是獨棟高聳的房屋，鶴立雞群，唯我獨尊，這種高樓型的房屋，又稱『貪狼形』屋相。住在這種高樓型房舍中，適合命格主貴又有『陽梁昌祿』格的人來住，讀書、考試能得第一，又有文名，能創造好名聲，但也容易曲高和寡，或是人緣不佳，自以為是驕傲、不合群。

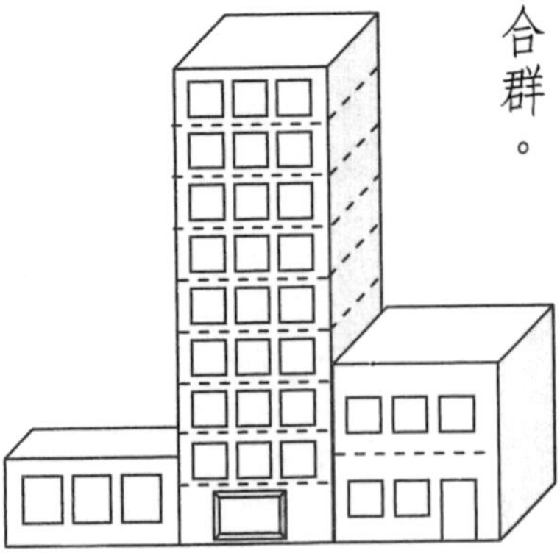

圖

◎這種『木形屋』屋相的高樓，適合外觀顏色為綠色，窗戶玻璃顏色也為綠色的房屋。房屋的面朝方位要朝東，『坐西朝東』為佳。如果房屋座向不對，或外觀顏色不對，都會在吉度上減分，或有刑剋、招災的。

◎木形屋不主財，主貴，但也能因貴而得財。有這種屋相的樓房適合做補習班或教育機構，會有很好的發展。

◎木形屋很高聳，最怕失火，會一發不可收拾。因此木形屋最忌諱外觀用紅色磁磚或小口磚（外觀最好不要是紅色）。如果窗戶玻璃用偏紅的玻璃，也要小心木火旺而有失火之虞。

◎木形屋外觀是白色或金屬色，或方位座向為坐東朝西，這些都是金木相剋為不吉的，也必會招惹禍端，因此要注意。

◎『木形屋』的兩翼不可太破爛、舊窮，否則此『木形屋』的樓房就算蓋得再美崙美煥，也主窮困、破財、不吉，有病厄。

水形屋

水形屋是建築體為橫寬的形式，或是建築物正面外觀有波浪形的裝飾，或圓弧型、流線型的外觀。水形屋的外觀必須要整齊、體面、精巧，才能聚財。如果破舊破損、塌陷、歪斜，都是敗財不吉的。

『水形屋』的房屋又稱『文曲屋』的房子。文曲在人命中是帶有才華、多才多藝的意思，能聚集人氣。所以這種屋相的房子，多半為表演廳、演講廳、展覽會場或販賣部的場所。『文曲形』的房子也適合做生意，但比較會販賣一些紀念品之類的物品或與酒色、桃花有關的行業。

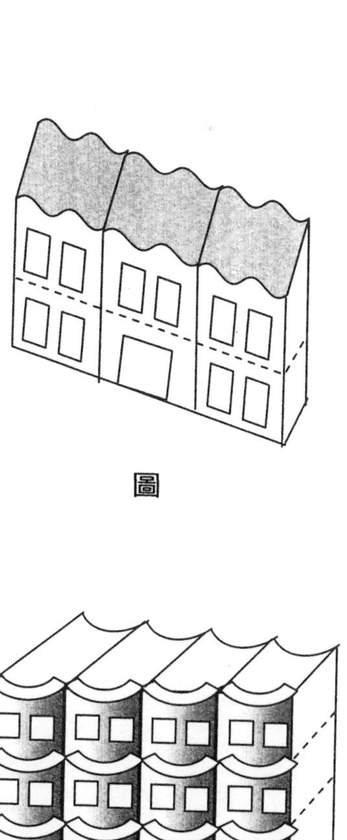

圖

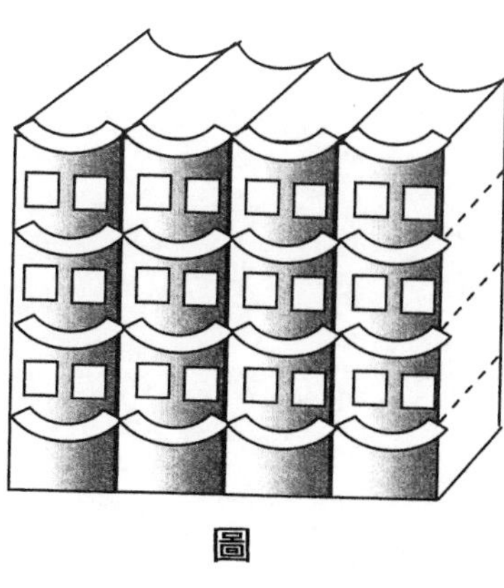

圖

文曲也代表可愛，故此種水形屋的外表一定是有特殊造形，讓人很容易記得，而不易忘掉的。

◎這種『水型屋』外觀適合為黑色、水色、藍色、白色（金水系列）。窗戶玻璃也適合深黑色。房屋的座向為『坐南朝北』。因為文曲五行屬水。如果房屋座向和顏色違反了原始的金水系列的條件，就會有刑剋而吉度減分。例如這種『水形屋』外觀為紅色時，為『水火相剋』，就易有災禍發生。又例如：此『水形屋』的座向為『坐北朝南』或

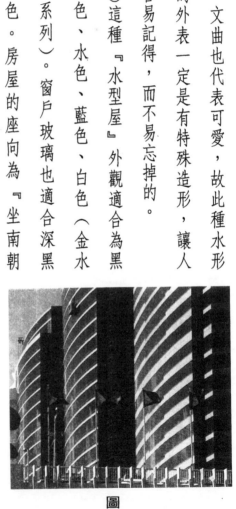

圖

『坐西朝東』時，就會出火旺而不吉，最後還是有傷剋或災禍。

◎水形屋最怕外觀為土黃色，座向又朝南，形成土多蓋水的局面，這樣住在裡面的人，也容易生腎臟方面的疾病。

◎水形屋也怕外觀為綠色或爬滿藤類植物，因為木會吸水的緣故，住在屋中的人，或在此種屋相中上班的人，易生腹中疾病，如胃癌、腸癌、或腹內長寄生蟲等等。屬於任何屋相的人都不適合住有牆壁有爬藤類植物，以防有腹內疾病。

火形屋

『火形屋』的房子，多半有尖銳的突出物，或造形上有很多的三角形，多角形，產生很多銳角出來。例如房頂有尖塔狀的突出物或屋頂斜坡高聳，或屋形或多邊形，歪七扭八、不規則，或是房頂為紅色，或房屋牆壁為紅色的建築皆屬之。

◎在外國有很多火形屋的房子，在台灣現在也很多，一些有造形的社區，會把屋頂做成尖塔狀，又做成紅色。像屋頂是連續的三角狀的屋頂，也是屬於火形屋的一種。

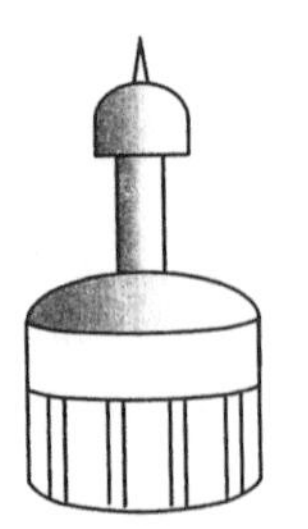

◎火形屋易生火災、是非、衝突、血光、災禍。像美國九一一事件中之世貿大樓及美國國防部之五角大廈，皆為火形屋之屋相，因此遭受攻擊時，也是受到爆破火攻。

◎家宅為『火形屋』的人，家中容易產生鬥爭，家人不和，家人也易生病，或多血光之災。住在此種屋形的人，多半命格中有羊、陀、火、鈴、化忌、劫空。有化忌、劫空在

圖

圖

命宮的人，是頭腦不清楚、隨家人住進去的，真正有主導權會住進此類房子的人，是命中有羊、陀、火、鈴的人。

◎倘若你的命格中缺火，需要火，你只要選擇紅色外貌的房子，但仍需方正的房子為佳，不要選有奇怪尖銳外形的住屋。

◎地基的地形為三角形的房子，也屬於『火形屋』，也易多是非、糾紛及火災、災禍。因此畸零地所蓋之房子也不適合居住或辦公。

◎在台灣有一些警察局和議會、公

圖

家機關的建築物會有『火形屋』的狀況。這些機構都容易有人事糾紛和容易出事，或紀律不佳，名譽受損，機構中真正想做事的人，也會有氣無力。

◎營業場所或店面，若是選到火形屋，例如餐飲業的人最易選到火形屋，失火遭災的機率就很高了。而且不會等很久才發作，一定是才開業沒多久，便有火災或是非發生了。

土形屋

『土形屋』的房子是基地較寬、上窄，類似梯形的房子，或是前面較橫寬高度不高的房子，有點類似以前的倉庫或農舍

的穀倉。此類的房子能積財，能蔭財，會使房地產、土地慢慢增多、增值，但手邊的現金未必會有很多。此類『土形屋』的房子，多半是祖先留下來的房子，也很少會在房屋市場中拍賣。倘若有的話，買到的人就賺到了，那一定是某個家族中落了，而有子孫賣出的。

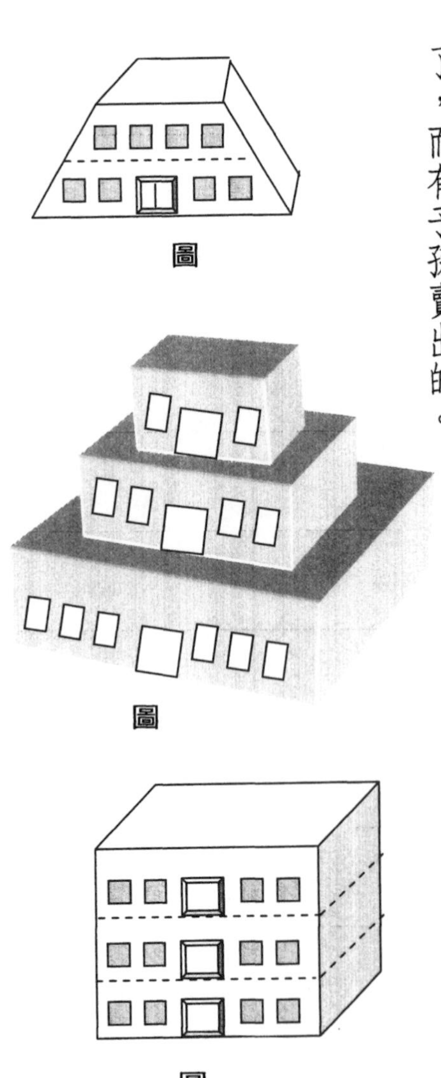

◎土形屋的房子，以外觀為土黃色，石材顏色以土灰色、土咖啡色最佳。不宜黑色、藍色、白色。若外觀為黑色、藍色等屬水的屬水的顏色，則水土相剋，不主財了。若外觀為白色或金屬色，則為『傷官』的顏色，住在裡面的人，或做辦公室皆會事業不太順利。

◎土形屋最怕為綠色外觀，土木相剋，一定有災，主窮或病，是大凶的。

◎土形屋的外觀為紅色（紅色壁磚），雖火土相生還不錯，但要小心窗戶玻璃的顏色，以及方位朝向的問題，要坐北朝南才好。土形屋以土色為最吉，紅色是不一定吉的，還要看主人的喜用神為何才能斷定。但如果方位座向錯了，那就鐵定不好了。

◎土形屋的外牆及外觀最怕有爬壁虎等蔓藤類植物依附攀爬生長，有些景象時，住在裡面的人，容易生腹中疾病，如胃病、胃癌、腸癌及有寄生蟲等。這是『土木交戰』的格局所致。

第二節　以地基形狀來分類屋相形式

當我們要買一幢房屋時，或是要研究一幢房屋時，表面外觀的屋相當然要，更要究其地基的形狀。地基是房子的根本，

地基好，房子一定蓋得好。地基差，房子再怎麼蓋，也無法蓋得好，因此地基形狀十分重要。

看房子地基有一些準則：

1 倘若你買的房屋是整棟大樓中的一戶。那你在查看房子地基時，就要以整棟大樓的地基形式為主來看地形了。如圖⒃虛線部份。倘若你住的房子是中空有天井的大樓公寓，也是要以整棟大樓的地基為地形。如圖⒄虛線部份。

2 倘若房子是蓋在腹地大的地面上，例如園林大、花園大，則要以房子的基本地形和園林或花園的地形相互配合來看吉凶。

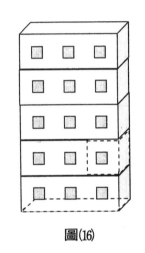

圖(16)

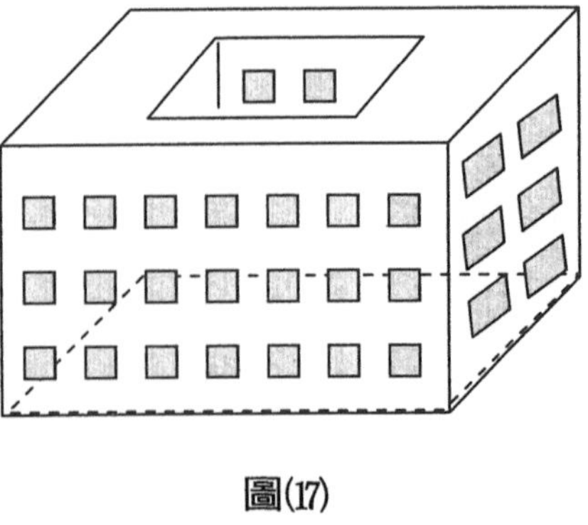

圖(17)

3

整幢房屋地形呈不規則形狀時，要以八卦的方位來看，缺了那一角，就是那些事不吉。有那些方位是突出的，又會對住在其中的人造成那些影響。例如此幢房子地基形狀是乾位突出的，代表住在此地上的居民，是男子地

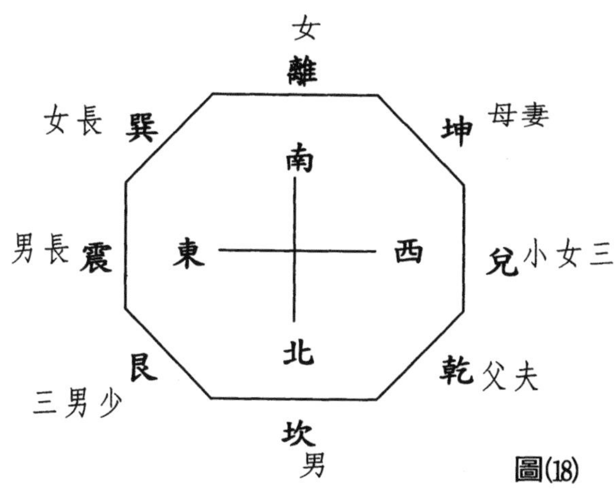

圖(18)

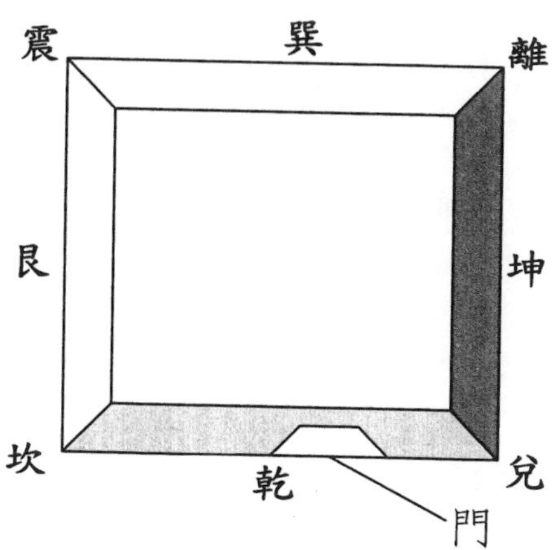

位高、較強悍，有大男人主義。如果坤位再有缺陷，則注定在此地基上，女性勢弱，對女子不利，也代表對女主人或母親，亦可能多病多災，壽命不長。如果是兌位缺角，則是對小女兒不利。如果是震位缺角，則不易出生男孩。也會對長男不利。

4

倘若房子是蓋在底下有溝渠或小河通過的地基上，地基有一部份是懸空的，則以房屋實際與土地接觸的面積為其地基形狀。此種房子容易諸事不順，萬事成空，或有心臟方面的問題，為『一箭穿心』格局。屋內佈置有小河蜿蜒或小池塘也不好，易生腹內疾病及家中之人『窩裡反』的狀況。而且家財不留，易被暗水帶走。如圖(20)

5

倘若整棟房子是架高起來的狀況，例如有些易淹水地區的房子或土地，或像泰國、雲南擺夷人住的房子，則其地基形狀仍然以其柱子落入土中之地基形狀。但是架高的房子，因與地氣不接觸，而且屋底為空的，故不聚財，住在其中的人，也容易兩手空空，及懶惰，不積極，心無所求。如圖(21)

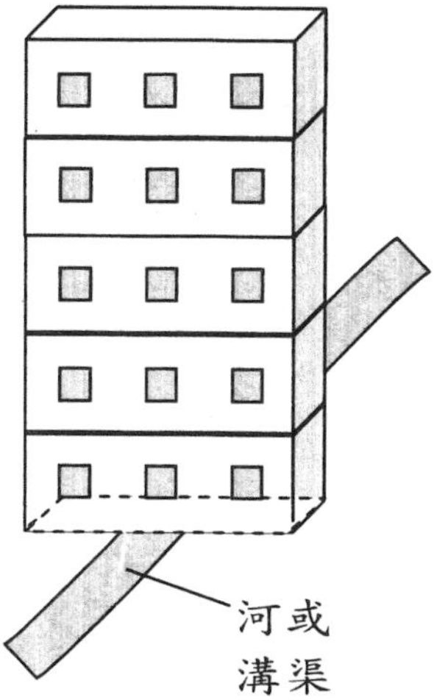

河或溝渠

圖(20)

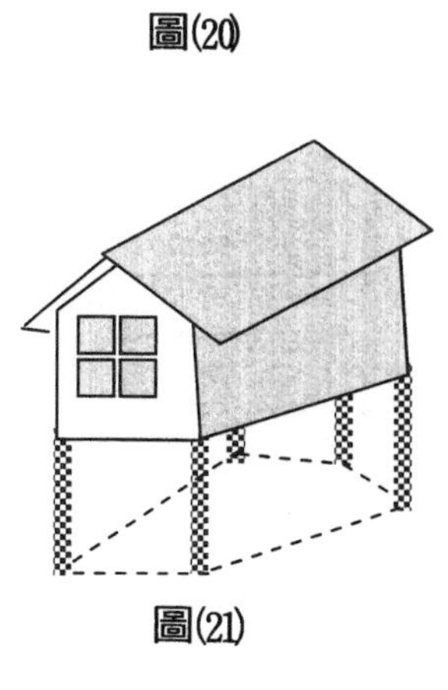

圖(21)

6

房子的地基為『丁』字形時，上面所蓋的房子也如丁字形時，要看突出的部份是在前或在後，在前為吉，在後為凶。但住在圖(22)前面突出部份的人，會重名聲，容易出名，但財富不一定多，且容易遭嫉妒，遭忌。

圖(22)中住在兩旁屋子的人（住在兩翼）不吉，只為為他人當副手。因此住在此種居相的人，各有各的煩惱，且易孤寡、不婚，

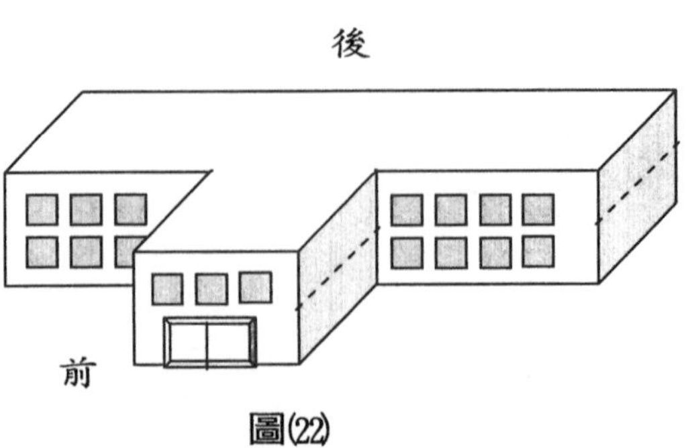

圖(22)

人丁單薄。

圖(23)這種『倒丁字』形屋，即為『推車屋』，容易家中多是非、不和，子女不孝忤逆，亦容易有殺父、弒母的現象，尤其是住在後面突出部位的地方的屋子中，更容易發生。

另一種『推車屋』形狀的房屋為大樓後面加蓋違章建築的小屋，有時候拿來堆雜物。但這種加蓋而突出形狀的房子都會影響家中運氣或家中父母與子女的關係。如果家中有年邁的父母，

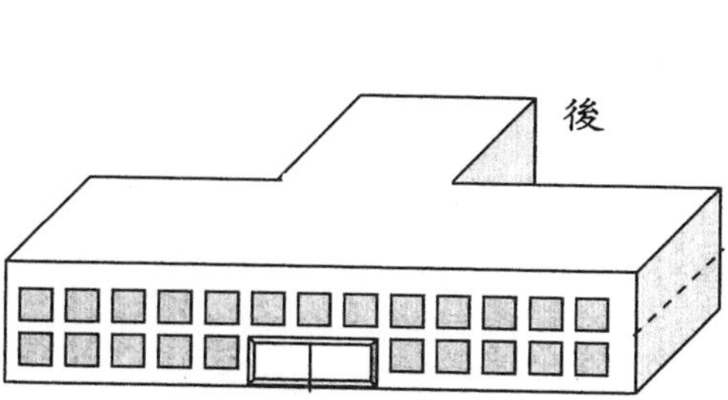

後

前

圖(23)

也許你本身就會忤逆不孝了。

7

房子的地形為『刀形』時，上面的房子也為刀形。此為《殂刀煞》，住在此等房子中，容易有刀兵衝突，有車禍、血光、生病開刀的狀況。若做生意、開公司，也易經營不善而倒閉，做不起來。在台北市頂好戲院附近就有這麼一棟辦公大樓，常空著，搬進去的公司都待不久。此為刑財、刑運格局的屋形。

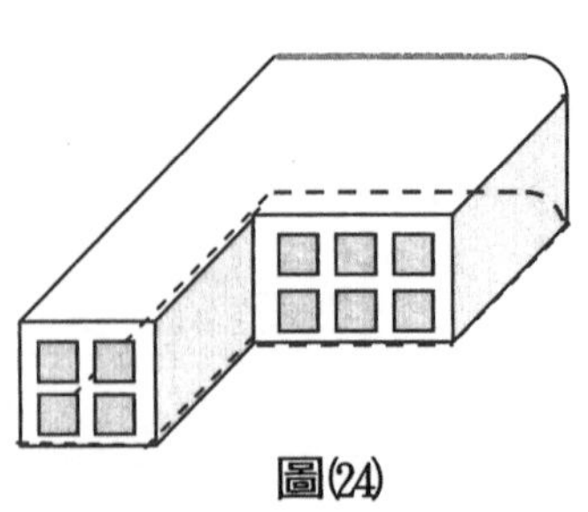

圖(24)

8

地基形狀是『ㄇ字形』，或雙十字形的形狀時，其地基上之房屋也為此『ㄇ字形』或『卄字形』時，要看大門開

在那裡。如果如圖(25)，大門開在凹進去的地方，代表乾位缺用，代表沒有名聲，不重視臉面，會有不名譽的事情發生，也會其住屋的人容易躲在人後，不喜歡做露臉的事，自然在工作事業競爭上會輸人一大截了。有人稱這種雙十字形的屋形為『抬轎屋』，愛作秀。但只是為他人抬轎已，自已是無法展現才華和魅力的。若想展現才華，會十分辛苦，而且受到責難多，誇獎少。若能安靜的不發聲，反而能安全少麻煩。因為此屋形尚有左青龍、右白虎，有左右手可靠之故。

◎如圖(26)，門如果開在屋形突出份的建築時，位在此突出建築，就多半是有名無大利，也愛出風頭作秀，但人緣不一定好，財是隨人緣而來的，故要小心遭嫉。

紫微屋相學

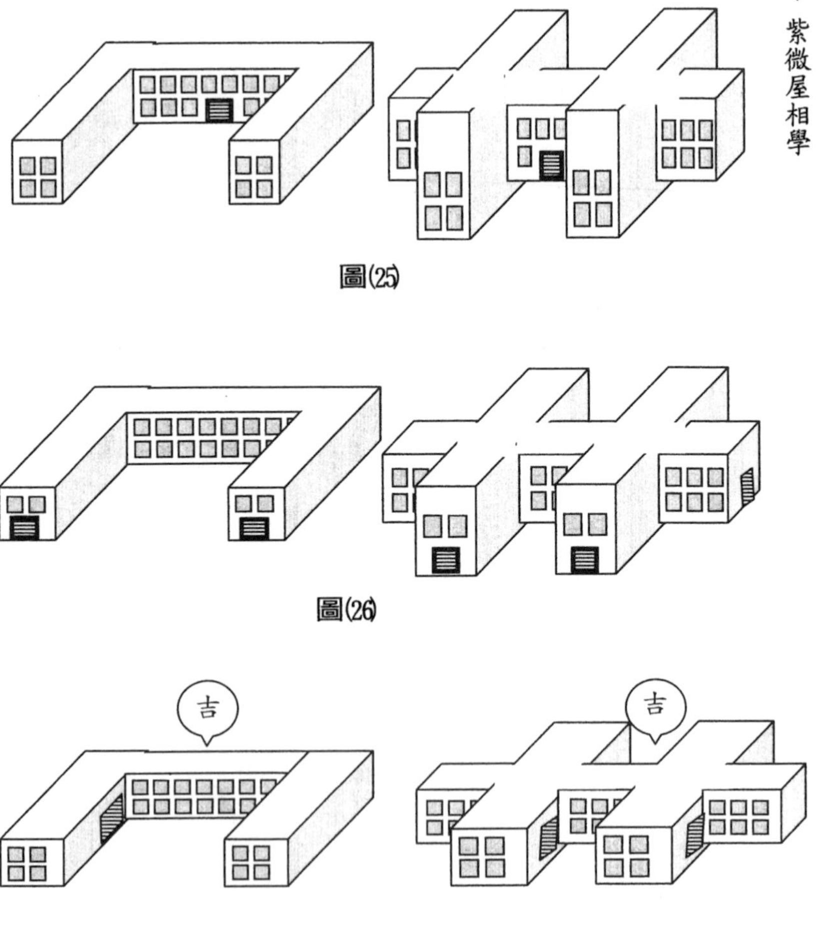

圖(25)

圖(26)

圖(27)

◎倘若如圖(27)，你是住在『ㄇ』字形靠內側近拐角位置的住屋，原則上，你的運氣還不錯，算是此棟大樓中較好的位置，但以左邊會加長延伸過來的屋形，會對你較佳，因為青龍邊較長為佳。若住在相反方向，為白虎邊（右手邊）較長再彎轉，則煞氣重不吉。

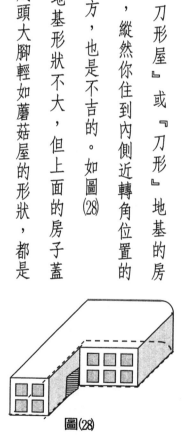

◎『刀形屋』或『刀形』地基的房子，縱然你住到內側近轉角位置的地方，也是不吉的。如圖(28)

9 地基形狀不大，但上面的房子蓋成頭大腳輕如蘑菇屋的形狀，都是不吉的屋相。

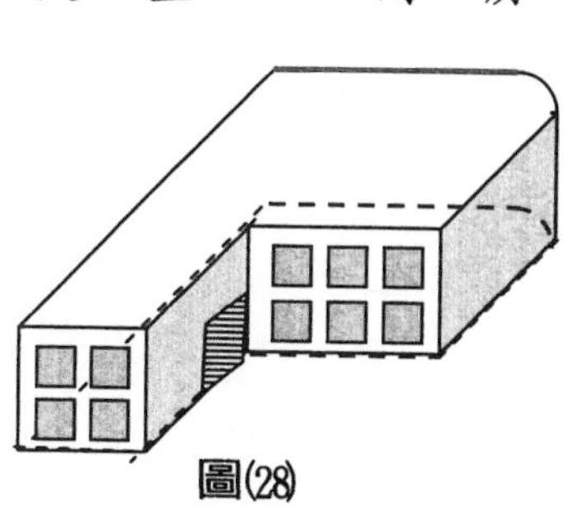

圖(28)

以上這些形狀屋子，住在下層的人都會被壓迫，壓力感很大。只要看是那一邊突出，便知道壓力是來自那一方了。

◎像圖(29)是上面圓形的『壓頭屋』，代表來自外來的人緣壓力會很大。住在上層圓形屋形中的人，會以交際應酬為每日正常的事，並常拿這些事去要求住在樓下屋的人配合，給他們壓力。

◎圖(30)上面是方形或矩形的『壓頭屋』。住在上層的人，會常拿現實利益的事壓制住在下層的人。而位在上層的人也會受外界現實事件的影響而多事不吉。

◎圖(31)樓房上層在前面突出時，也為『壓頭屋』，會有直屬長官或父母對住在其中的人造成壓力。有些人是把前陽台加上鋁窗四面密封起來成為樓上加蓋，這和圖(33)在樓上後面加蓋一樣，都是主子女不孝、忤逆、不成材，父母很辛苦，壓力重的屋向。

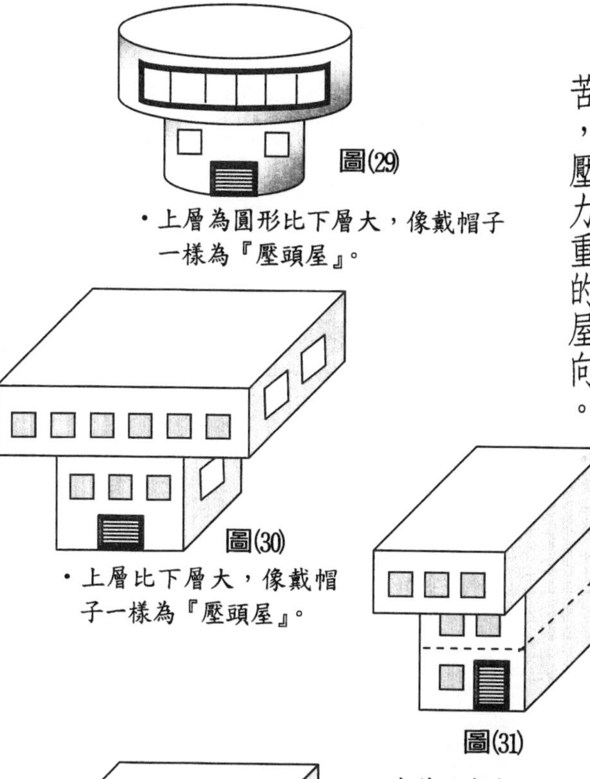

圖(29)

・上層為圓形比下層大，像戴帽子一樣為『壓頭屋』。

圖(30)

・上層比下層大，像戴帽子一樣為『壓頭屋』。

圖(31)

・在前面突出。

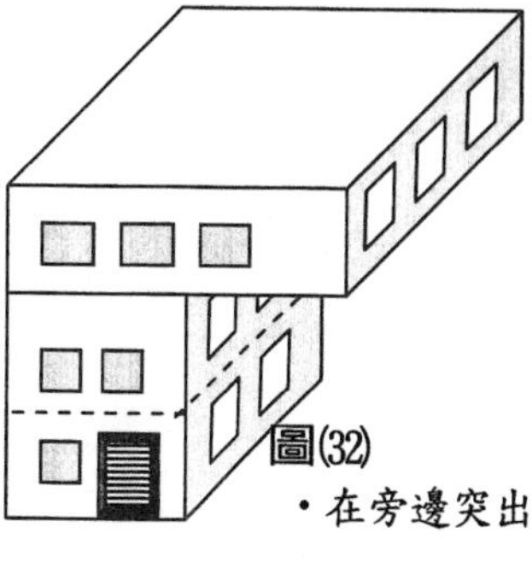

圖(32)

・在旁邊突出

◎圖(32)的樓房和圖(34)的樓房皆為『壓頭屋』。圖(32)的樓房是在旁邊突出來，容易家中兄弟不和、反目，也易人際關係不佳。

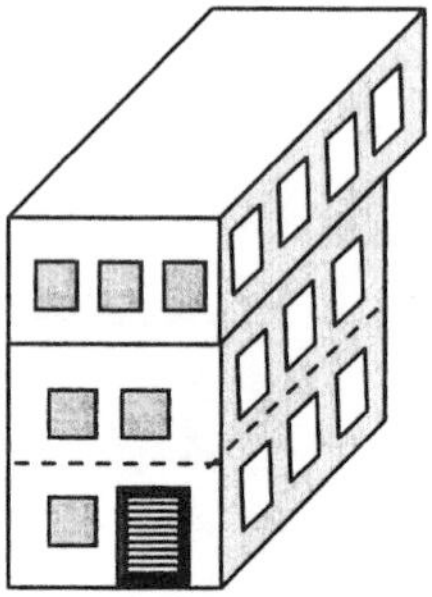

圖(33)

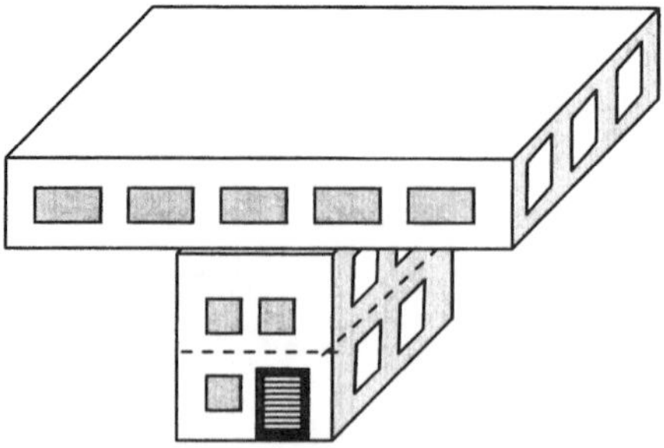

圖(34)

圖(35)的屋相，前後沒突出，只有左右突出來，前面看類似『T』字形。住在此屋形的人，容易有財務危機，喜歡做事業，擴充太大而倒閉，也易子女不孝，兄弟不和，有家庭糾紛。

圖(35)

10

在一幢大樓上，你會發現中斷部份其中幾層較突出，像日本女人穿和服，背上背著包袱一般。住在此屋相的大樓中的人，都會在事業上、生活上產生各式各樣的包袱而不順，也會教養出懦弱，不能獨立的子女，以及家中主人事業被敗多災。

11 住在相連的三棟樓房中，如圖(36)中間A樓較高，兩旁B、C樓為較低較矮的樓房。此種屋相稱為『官帽屋』。以住在中間A棟為最佳。兩旁稍差，而以B棟次之。C棟位置最差。

因為B棟左邊青龍邊有靠，C棟則其右邊白虎邊有靠，青龍邊吉邊為空的，故不吉。

◎圖(37)也是『官帽屋』，但官帽有些小，也以A棟從一樓至頂樓皆較好，B棟次之，而C棟稍差。

◎住在官帽屋中間一棟，對自己住的人算不錯，但對周圍的人，會造成『形煞』，主是非、官非、口舌、災禍，而不吉。

◎圖(38)也是一種官帽屋，以住在後棟為吉，前棟為差，住在前棟的人會被後棟的人壓住，住在後棟的人才真正會戴官帽，有名聲響亮的機會。

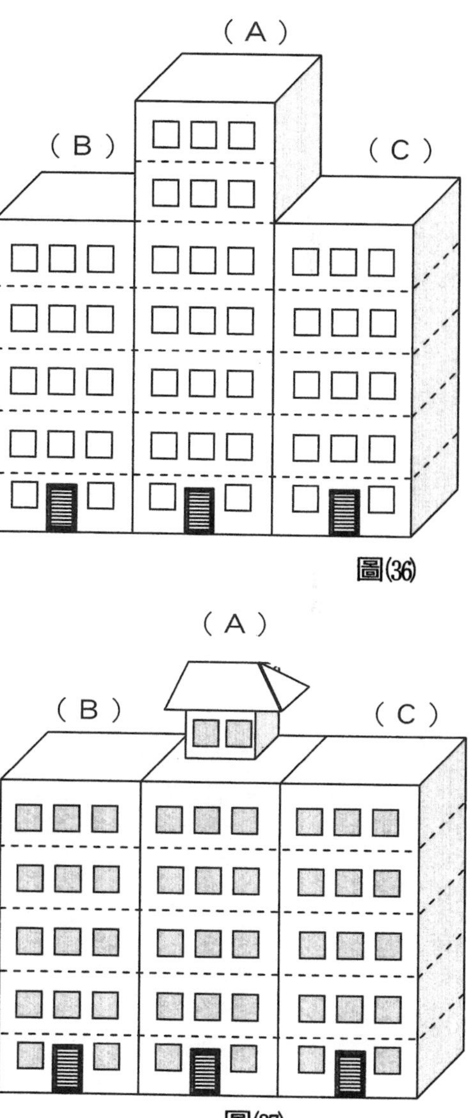

圖(36)

圖(37)

◎圖(39)是步步高升的進財屋。以住後棟（C棟）為倉豐庫滿，此種大樓，像階梯一般。而住在前棟的人，只感受略微的財進，只有住後棟的人才會真正財多，有留存、主富。

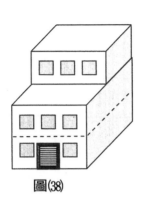

圖(38)

圖(39)

◎圖(40)前棟大樓較高，後棟大樓較矮，而且呈階梯式高度下降。這種屋形是『退財屋』，主破敗家業，大凶。

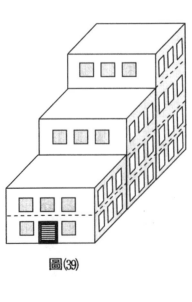

有時候旁邊的樓層較矮，蓋了新大樓之後，赫然發現形成此種『退財屋』，會一年比一年差，直到後面的房屋陸續改建成大樓和前面的樓層一般高時，才會改善退財的運氣。

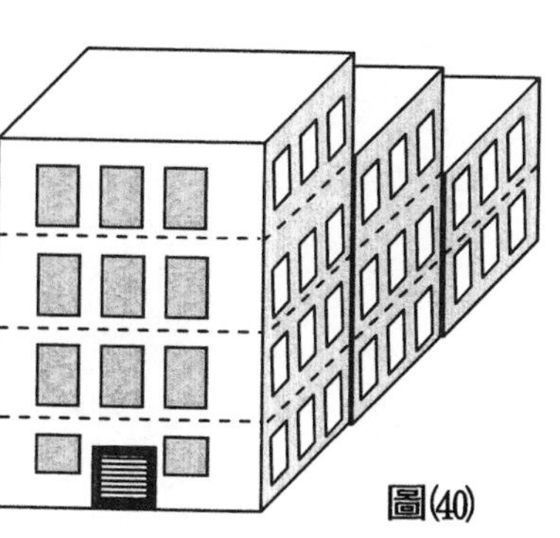
圖(40)

12

前面略有圓形弧狀的大樓，後座是方形的，就稱為『元寶屋』，但屋形最好與地基相同大小來相合，才會進財，主富。如果此大樓或房屋有庭園圍起來，則易成為『墓碑屋』。被圍起來，而不進財了。

前方後圓的屋形如圖(43)，也是『元寶屋』，主富貴，但要注意樓下大門的門向，不要開錯了邊，否則就不是『元寶屋』了。

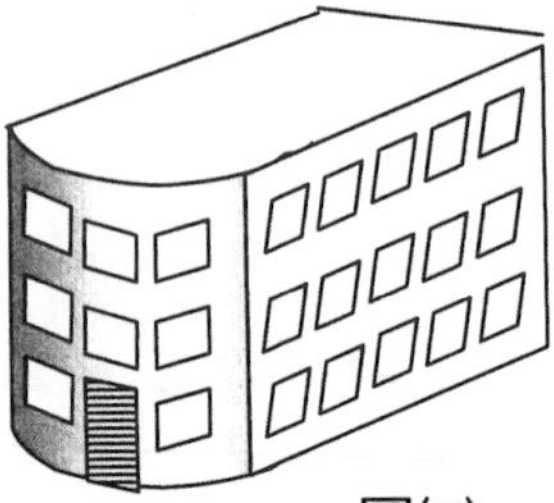

紫微屋相學

圖(41)

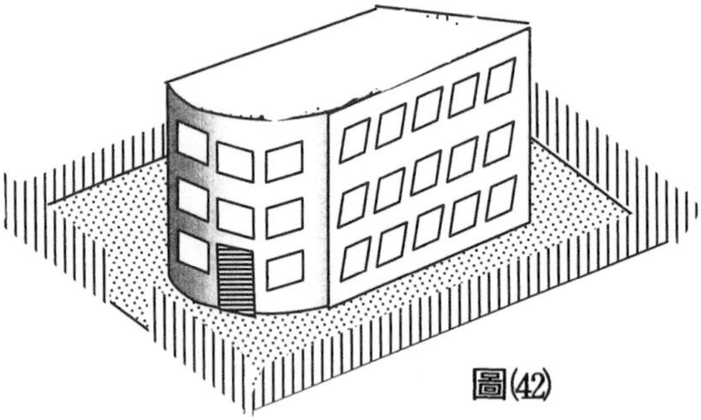

圖(42)

圖(43)

13 呈『L』形的房子，要注意挑選可住的方位，否則很容易逢煞不吉。

標明A點從一樓到頂樓這直排一排的一戶，是這棟L型大樓中風水最好的一段。

圖(44)

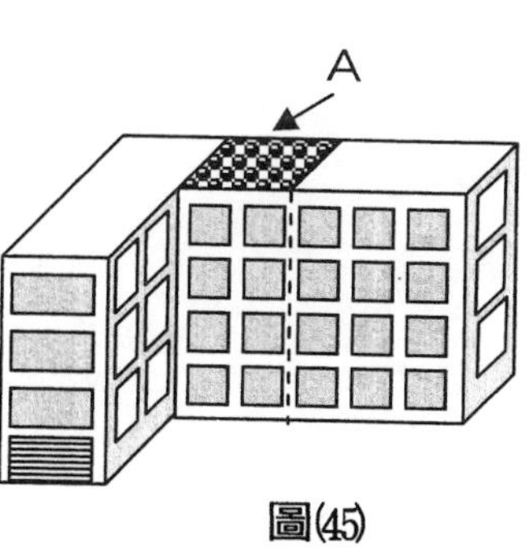

圖(45)

14

中空有天井的大樓，而每戶又是門朝天井而同，氣場在中間天井中迴繞，則沒有任何一家人會運氣好。每一家的聲音與煮飯燒菜的氣味也相通，廚廁的臭味也相通，相互影響，穢氣出不去，故大家運氣皆不好。這是不好

的『回字屋』，彷彿牢籠一般，大家會愈來愈辛苦，而無法搬離此地。如圖(46)

15

無論在主屋或主要樓房旁加蓋或臨時搭建小屋都是主凶的。加蓋小屋稱『停屍厝』，易有喪事，或家人離散等凶險之事。如圖(47)、圖(48)

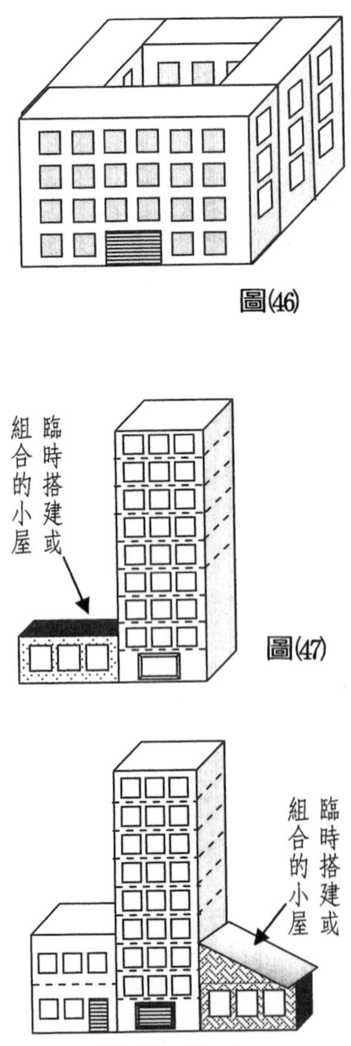

圖(46)

圖(47)

圖(48)

16 牆壁是玻璃幃幕，或房屋四周牆壁整片都是玻璃窗，由前可透到後面的天空，這種樓層或房屋，為天空、地劫的房子，不但留不住財，進財也很不容易，給人不實在的感覺。根本很難住人，做辦公室也會倒閉。北投就有這樣一棟圓型的有大片玻璃窗相互穿透露光的房子，至今還閒置著，租不出去，也賣不出去。

17 整棟大樓中間有空洞，如下圖，會有小鳥穿透飛翔的房屋，表示心臟中空，會產生不穩定的氣流流通，因此住在樓層上方的人，會有精神疾病。住在這種大樓中也易有腹中疾病、頭腦空空等問題。如圖(49)

18

『工』字形的房子如圖(50)，有很多是是先蓋好前棟與後棟的房子後再加蓋中間連繫的部而行成的。有些也會是開始就蓋成這樣。會為了採光問題蓋成這樣，但住此種

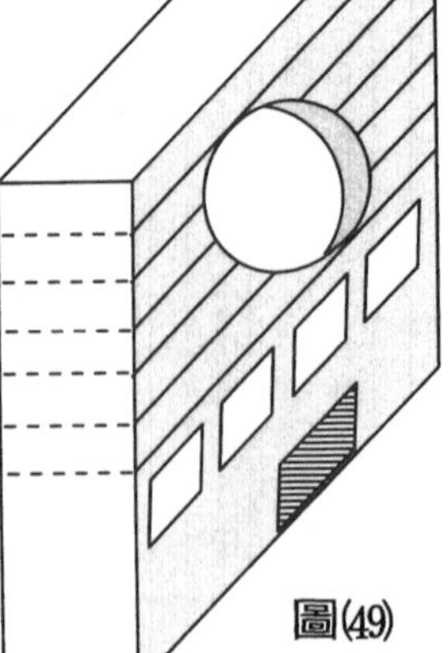
圖(49)

房屋的人會覺得辛苦，人丁會外移、稀少，且又生不出男丁出來，容易事業辛苦、失敗，錢財與人氣都離開。

在這種形式的屋子中，完全沒有好壞之分的，可說是全部都不佳。

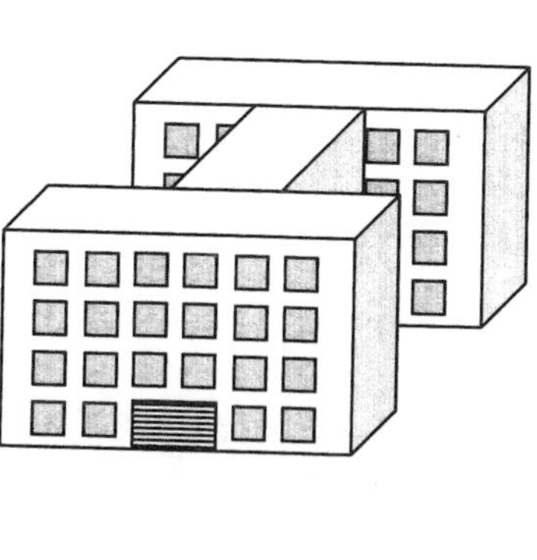

圖(50)

『男怕入錯行，女怕嫁錯郎』。
現在的人都怕入錯行。
你目前的職業是否真是適合你的行業？
入了這一行，為何不賺錢？
你要到何時才會有自己滿意的收入？
法雲居士用紫微命理幫你找出發財、升官之路，並且告訴你何時是你事業上的高峰期，
要怎麼做才會找到自己有興趣的工作？
要怎樣做才能讓工作一帆風順、青雲直上，沒有波折？
『紫微幫你找工作』就是這麼一本處處為你著想，為你打算、幫助你思考的一本書。

第四章　屋相的環境學

屋相的『環境學』，就是該屋的『風水學』。

屋相除了房屋本身建築的形狀之外，尚有周圍環境影響所帶來的變化及吉凶須要注意，例如該棟房屋前後左右相連的其他建築物，或周圍空地、樹木或其他設施，以及道路的連接、沖剋等等的狀態，都會影響到一棟房屋的財運與影響事業的旺運，有些更會影響人的身體健康及壽命，因此不可不重視，是大家都必須來注意研究的。

第一節　屋相左右的環境

屋相左右的環境，談的是和房屋平排，屬於青龍邊、白虎邊、左右手的位置環境。在這樣位置的環境中，如果出現了高高低低，或雜亂，或空缺，或傾斜，或阻擋之類的問題，為不吉。

例如：從正面看屋相，如和左右相鄰的房屋有高矮參差不齊的狀況，則要注意樓層的吉凶問題。

1 在下頁圖中，住A棟一、二層的住家或辦公室，問題還不大。住A棟三樓以上的住戶，因青龍邊有缺而不吉，其白虎邊還完整，因此A棟三樓以上的住戶易事業多波折、財運易留不住財。

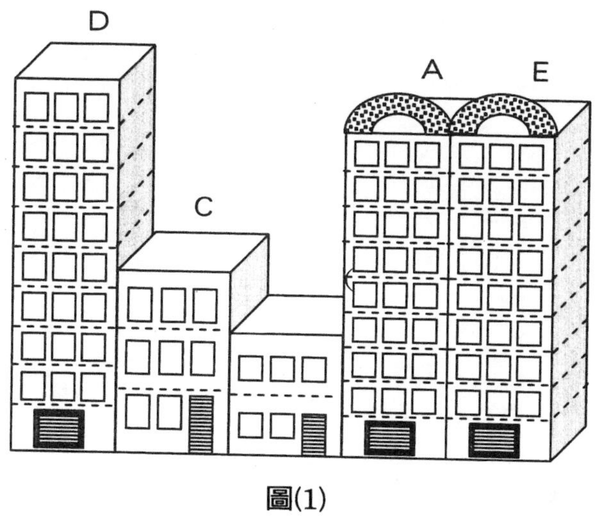

圖(1)

◎E棟房子如果連其白虎邊的同排房屋都同樣高度，則大吉。

◎B房子為『天塹屋』，住其裡面的人常感壓迫。易人事空亡，破敗、生病、窮困。

◎C棟房子亦為『天塹屋』的一種，其青龍邊特高，而虎邊較低，住在裡面的人，容易聽人使喚，為婢為奴，也容易窮困、爬不起來。

◎住在D棟的住戶五樓以上的人，因虎邊缺少，易多生是非、災禍、耗財、留不住財。

※因為選住屋或辦公室，最好的就是選左右房舍高度一般高的大樓，較不會有龍虎邊空缺所造成的吉凶問題。

2 看房屋首重看周圍道路的來龍去脈。房屋左右、兩邊最

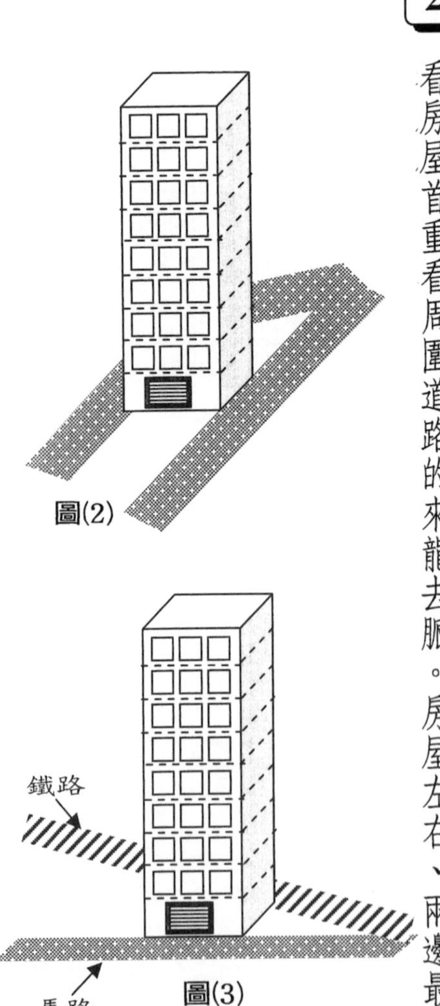

圖(2)
圖(3)

好勿有馬路相夾，為不吉。馬路如同河流一樣，稱為『來水』亦稱『水龍』。為水相夾則不吉。其實住在樓上的人，也會很清楚的看到有『路沖』沖過來。此稱為『夾身水』的格局。房子前後有馬路相夾也是一樣。另外在捷運和火車鐵道旁的房子，前面是大馬路，後面是鐵道，整天有火車或捷運電聯車來來回回的跑著，如此的房子，會存不住錢，家無餘糧，家人易分散或顛沛流離，以及易出車禍、傷病、血光、流產等狀況。關渡就有這樣一間位於捷運鐵道和大馬路相夾的房子，房子為五層樓高，形狀還不方正，幾十年來一直在轉手拍賣，換人無數，有人拿來做倉庫也不保，因為根本不能穩定

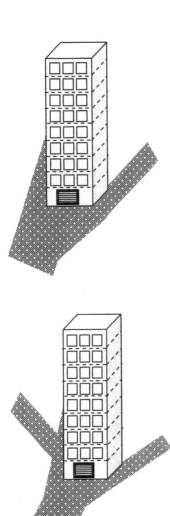

下來，總是出事後趕快搬走，目前還一直貼著出售的牌子空在那裡。

3

房子在三叉路口，或有多條馬路直沖的地方的房子，為『羊』字型的風水，屬於『擎羊』格局，易出血光、車禍，不適合住人，常會做為寺廟或佛壇、道場。最近有超商喜歡選擇此種房子營業，其實馬路如虎口，此種地勢

圖(4)

險惡，人要穿越馬路，其實也會有些困難。因此多數人不會相穿越過去買東西，這些店的生意也不會好。並且店內服務人員汰換率很大，也易出車禍血光。此種形局的路況，即使房子在叉路之旁，也是不佳的，是有血光之災的問題。

4

房子旁邊有臭水溝或發臭的小河為不吉，會形成『壞風水』，人天天住在這樣的環境中聞臭味，也不利健康、易生病，易生腹內癌症或腸道阻塞或胃病，房子左右邊有小池塘、水窪也是不佳的。

5

房屋的左右方不宜有轉彎折之道路，或有高架道路。通常在高架道路兩旁的樓房，要自與高架道路平起的樓層

以上才會運好，有出頭天。

住於高架道路高度以下的樓層全被壓抑住，在裡面居住與辦公的人，也會感覺悶、不透氣，以及多病變，在高架道路旁的一樓商家也會做不來，生意入不敷出。在台北市區的高架道路至少要在五樓以上才能居住或用來辦公，但有『反弓水』或路沖嚴重時，仍不是好風水的房

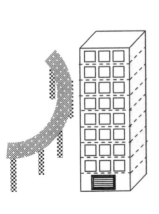

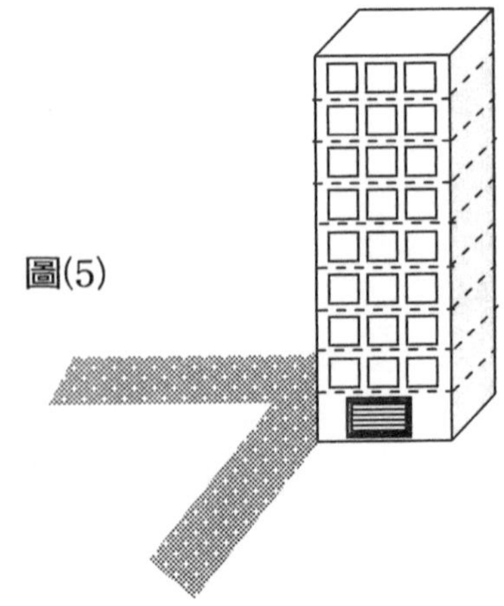

圖(5)

子，要小心血光、傷災、死亡及消耗嚴重的問題。

6

房屋的左右或前後有彎曲的馬路或河流，馬路或河流的氣勢要溫和、蜿蜒，有優美的弧度，才為『九曲迴轉水』。如果馬路車行速度快，衝撞多，常聽到緊急剎車聲、碰撞聲，或聽到鏗鏘聲、顛跛聲，路面不平所造成之聲音，或河流氣勢湍急、怒吼聲，皆為不吉的風水，血光不免，也容易因血光、耗損而窮困，賺不到錢。該地區也易無發展。

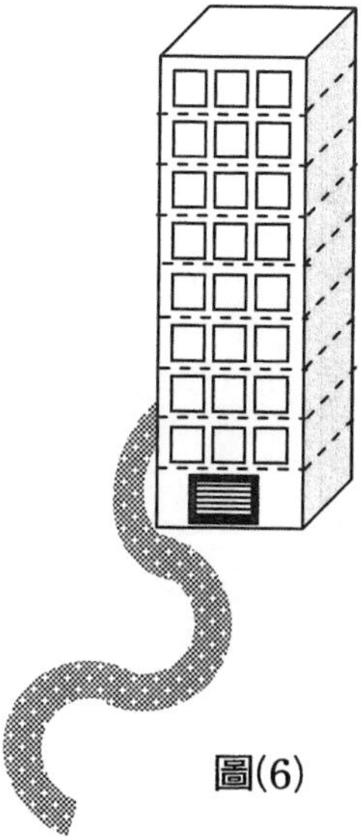

圖(6)

7

同一條馬路兩旁的房子，在地理位置上有好有壞，你可以看到同一條馬路上，會有一截路段的房子多，較熱鬧，一截路段較冷清，房子少，因為地理位置會形成運氣好壞。運氣好的地方會較熱鬧一些，運氣差的地方會冷清一些。有時候，建商也會去炒熱某些冷清的路段，在那邊蓋房子。這樣一個新社區或建築，一定要經過五年、十年的時間才會熱鬧起來，也才

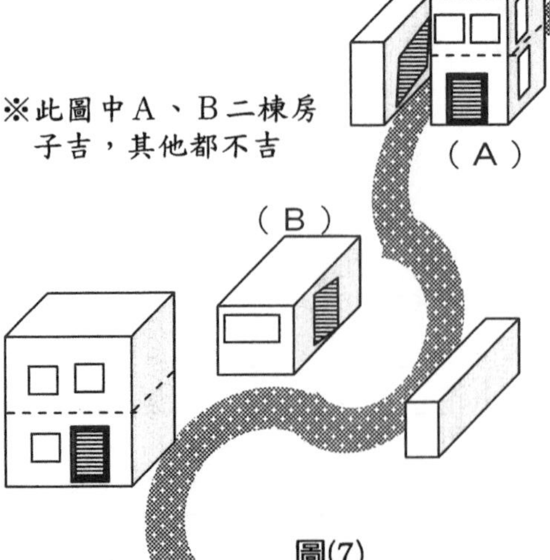

圖(7)

會地價上漲。當一個地方地價上漲與熱鬧起來的時候，就是此地運氣變好的時候。有時候一個社區或地方就此飛昇發達起來，附近的房子都成為搶手貨。但有時，一些社區或地方繁榮不到一、二年便又回復冷清，房價也下滑，這時候你就會知道社區或地方功能好的、適合人居住的，就會人氣旺、不斷繁榮，而社區及地方功能不好的，便會凋落。

8

十字路口，通常稱為『雙合水』的格局，就是兩條馬路垂直交叉。生意人做生意喜歡選的『三角窗』的房屋位置也是這種狀況。此種屋相會有左右的氣都交會在此，人氣鼎沸，故算是好風水之地。但是在十字路口的房

子，會因開門、開口的關係，運氣有旺、有次等，如圖，在此十字路口周邊的房子中，以開門向為A、B、C、D四個點的房子為風水最優的房子。而開門為E、F、G、H四個位置的房子為次，較差。這是因為來龍最好在青龍邊之故，在白虎邊，雖也能賺錢，但較辛苦。

圖(8)

9

馬路的十字路口，如果形狀較畸型，不是正十字型，而是有些零亂交叉的形狀，則為『剪刀水』的格局，其實多三叉路口，反而是主凶的，易出車禍的路相。住在此路附近的人，必粗俗、愛爭吵、衝突多、災禍多，也易為生活奔忙，賺錢辛苦。（如圖(9)）

10

若馬路在房子旁形成折角或『人』字形，無論在前後左右，皆為不吉，易窮困或人丁離散、疾病、困苦。（如圖(10)）

11

房屋左右有樹木，倘若樹木很高、很濃密的話，會擋住陽光，而產生陰氣而不吉，樹木跟房子有點距離不擋住陽光為佳，如圖中的房子，只有在樹木高度以上的樓層才會運好及開運。有樹木在眼見之處的住家，易出會讀書的小孩。（如圖(11)）

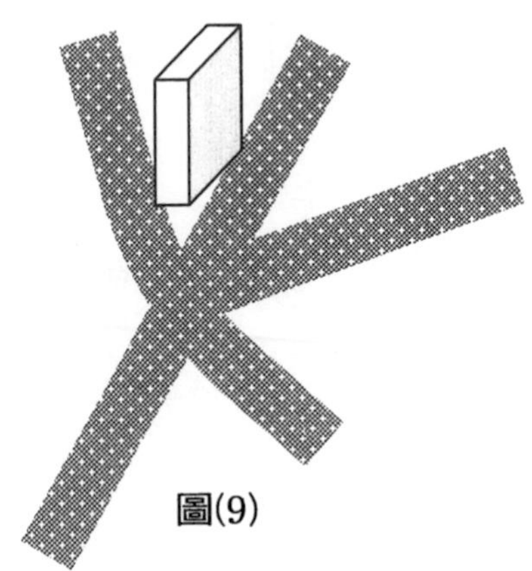

圖(9)

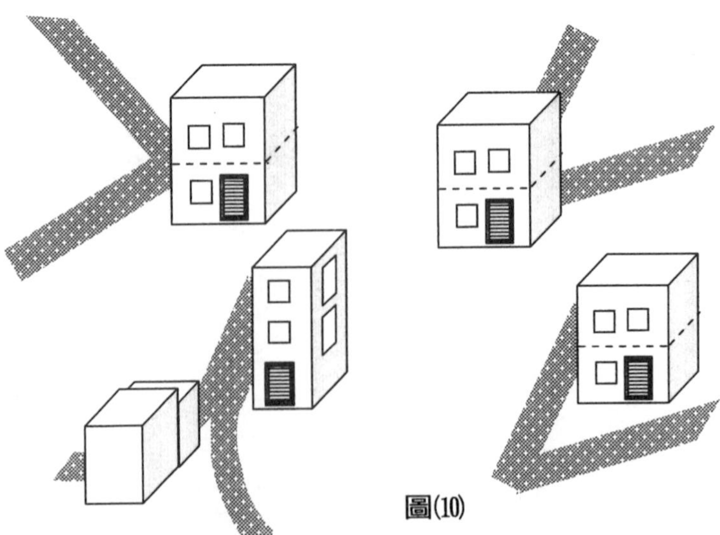

圖(10)

12

樹木圍繞在房子四周太多也不好，會為木所困，也要看八字喜用而定吉凶或煞多。倘若本命八字是屬金的人，木多為財，也是不錯的。這完全要先算出八字喜用宜忌，才能選擇樹木多的別墅居住了。（如圖⑿）

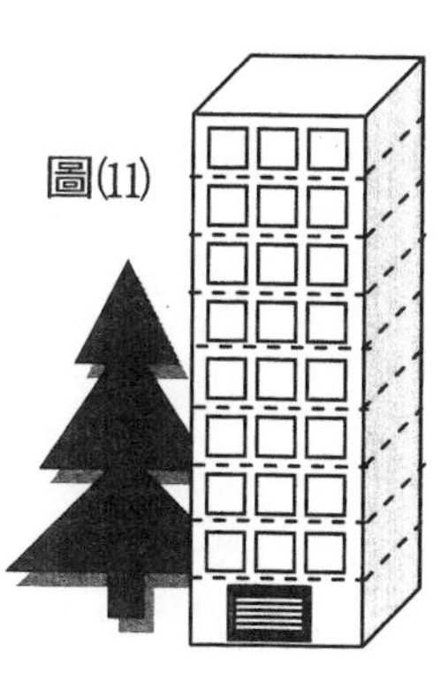

圖⑾

圖⑿

第二節　屋相前後的環境

屋相前後的環境，談的是前明堂或後靠山，以及馬路水龍、路煞、路沖等問題。

1 屋前、屋後最好不要有高網，或樹木與房屋齊高的狀況。屋前、屋後有高爾夫練習場的高架網會阻擋房子的運氣，此為『天羅地網』的格局。住在房屋中的人，或在此屋中做辦公室工作的人，皆易生病，有腹中疾病或癌症，也易財運伸展不開，工作辛苦，且易得憂鬱症，或血光喪亡之事。有些人在二、三層樓的別墅形小洋房

的樓上露台，搭建養蘭花的花房，因蘭花怕曬，於是就鋪上黑網，此種屋相也是『天羅地網』的格局，也會家道衰落，人丁不旺及離散，易有血光和喪事。

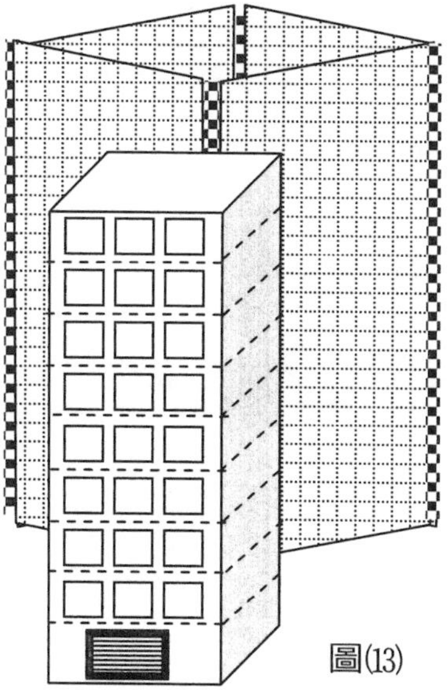

圖(13)

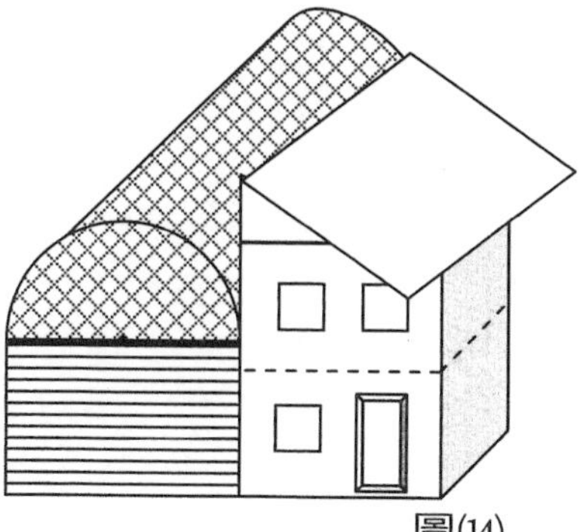

圖(14)

2

屋前、屋後最好的屋相是『前有明堂，後有靠』的屋相。因此房屋前面廣闊一點，（但不可一望無際，如大海或大片稻田），有寬廣一點的馬路都是好的，房屋後面有較高或齊高的樓層大樓，都是好的。馬路大，表示水龍大，所帶來的財大，馬路小，所帶來的財小。馬路的來

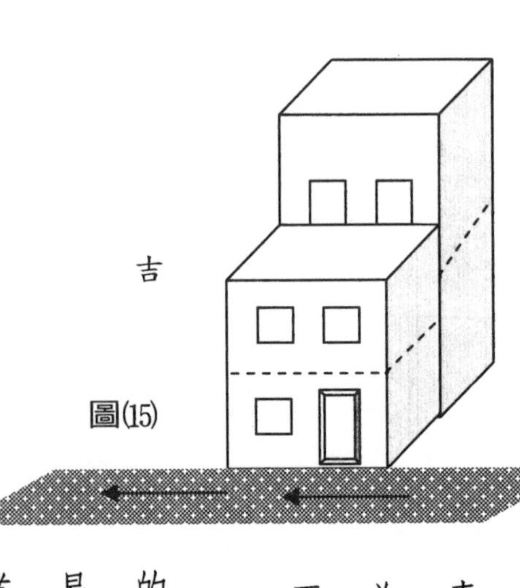

圖(15)

龍方向，最好自左而右，自房屋的青龍方（左方）至白虎方（右方）為最佳。由白虎方至青龍方（由右至左）為較差或帶凶的水龍方向。

房屋後面若無住家及房子，是空的，就是無靠山。住在其中的人，易事業做不穩，多起伏，甚至歇業，賺不到錢，也存不到錢，沒有

財庫。在人丁方面，也易單薄，家中會常無人在家。因此房屋後面是空地也是不好的。倘若屋前也很空曠，容易形成『天空、地劫』形的房子，家人也會四散，留不住人氣，房屋也易窮困沒落了。

3

馬路在屋後，或屋後有河流為不佳。屋前有馬路，車行速度快，終日呼嘯而過，或屋前、屋後有河水聲如吼，皆為不佳。北為環境艱險，易窮困之兆，也易造成人的神經緊張。無法集中注意力

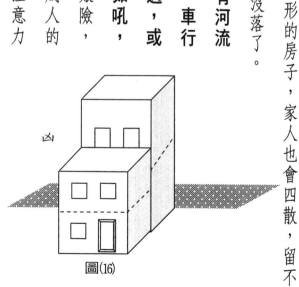

圖(16)

來工作或生活。屋前有乾涸多石的河流更不好。在汐止某山莊的地方，從屋前往前方看，即見許多電線、電塔，以及一條乾枯多石的河流橫過前面，此景象易造成人工作不順、財運艱苦窮困，人也會吝嗇小氣，而人緣機會不佳。

4

屋前有大樹或柱子擋住陽光照進門窗為不吉。或屋前屋後有煙囪、高塔、電塔、電線桿、旗竿、尖銳物，皆為煞氣而不吉。不但會阻礙住屋之人的前程，亦會對人之健康、傷災、血光有影響。有尖塔、旗竿、電線桿、尖銳物突出的，皆為『懸針煞』，亦有血光之災和病變。

在屋旁之樹木，也不可樹大壓到屋頂，或樹幹枝葉穿越房子之中，更不可有樹根深入房屋之下，而產生房屋的安全顧慮，這些狀況都是會敗家、破家，是家宅窮困、破敗、人離子散的象徵。

另外，做屋頂花園時，最好也不要在屋項種大樹，以防樹大壓頂。家庭也會破敗。

在房屋四周，最好不要有枯樹。如果有枯樹，最好儘快移除才好。有枯樹時，可以枯樹在房的前後左右之方位上，以卦位來批斷近日家中將會發生那些事情？以及是和家中何人有關的問題，例如在房屋的正前方有樹突然枯了，代表家中男主人或家中父母會有不吉之事，也易有傷害面子之事，或血光、喪事。如果在坤位有枯樹，代表家中女主人或母親有事，要小心車禍、疾病、血光等問題。房屋四周的樹，最好也不要有其他寄生植物依附、懸掛，也不要隨便掛彩帶、繩子在上面，以防有邪淫風水，以及招陰，有人上吊。更不可屋旁有生蟲的樹，或聚集昆蟲的樹，這表示樹上某些部份可能已腐爛，要小心會為住屋中的人帶來疾病或破敗困窘的衰運，且易招陰招鬼。

5 勘房子地基要注意的事：如果是一棟或平房，或別墅，要從外到內，從門外的馬路到庭院的部份，再到屋內客廳、房間，以至後面後陽台，整個房子的地基地面最好是前低後高，家門會日益發達，但地基也不可太過傾斜，否則也住不舒服。

有階梯的房子

某些山坡地的房子，或是某些被墊高地基的房子，門口會有幾階階梯，有階梯的房子並不是人人都可住的。不適合的人，會造成人緣機會不佳、高傲、鶴立雞群。某些商店門口縱使只有二、三階，都會造成生意清淡、門可羅雀。

但是命格是命宮和遷移宮有紫微星的人，如紫微坐命、紫府、紫相、紫殺、紫貪、紫破坐命或遷移宮有紫微星的人，則可住門口有階梯上去的房子。有階梯而入的房子，代表自以為高貴、高高在上，故會和旁人有距離，而人緣不好。

幾年前有一位七殺坐命申宮的朋友來算命，他是一位在台中經營酒店的老闆，賺錢也大進大出，因為錢存不住，也有些財務問題而來算命。因為他的遷移宮是紫微、天府，環境中就是要高貴、富裕的，所以我勸他在裝潢酒店時，是可以富麗堂皇、財大氣粗一些，可以在門口做幾層階梯，更增加氣勢。他想了一下說：他有三家酒店，其中最賺錢的一家，確實是前門有幾節階梯的。

另外，有一位武相坐命的女士在台北市東區開服飾店，她非常抱怨的說：她隔壁店是一家賣進口水晶玻璃器皿的店，常常客人經過她門口，望一望就進隔壁店去了。因為她們家店的台階是和隔壁相連的，害她十分懊惱！根據我的分析是：可能她附近的店面所賣之物品是屬於價位高的東西，而這位女士所賣的衣服價位較低，和客層不相合。另一方面，也是武相坐命

者的遷移宮是破軍，她的環境是破軍，很雜亂、有爭鬥，屬於破破爛爛的環境，所以她絕不會賣高價位的東西，而喜歡賣便宜貨。再方面她適合做市場（武市）的生意，而不適合做有階梯店面的生意，自然是她與屋相不合，生意就不好做了。有階梯的房子也容易遭人嫉妒、惹是非。

馬路高於房子的地基很多，甚至馬路高於房屋頂的，這種屋相最為不吉，或是在山坡上道路兩旁所蓋的房子，下坡處的房子、位置就較差，也容易有土石流等安全問題。

位於山坡地的房子，從外觀看，地基傾斜的太厲害也不好，家道容易節節下滑，有人的視覺上也會產生不平衡的壓迫感，家人也易外出遠離不回，這種地基也要看是龍邊高還是虎邊高。龍邊高稍吉，房子左高右低為吉，虎邊高則不吉，房子右高左低不吉，易退產業。

大樓、公寓室內地板要平

住大樓、公寓的人，室內地板最好要平，不可高低不平，如鋪地磚，也不可任其毀壞不修，有破敗之象，會造成家人的人生坎坷不順、也易窮困。室內裝潢，在地板方面，最好也不要有太多的階梯和凸起的地面，同樣也是易造成人生不順、坎坷的境遇的。

6 路煞或路沖的問題

屋前或屋後有馬路筆直的衝過來，稱為路沖。有路沖的房子，有時是整家人的運都不好，有車禍、疾病、官司纏訟、官

非多的問題，也容易家破人亡。有時是家中某一間房間看到路沖最嚴重，看到馬路上的車筆直向自己房間沖來。那住於此屋的人，所受到的沖剋也最嚴重。有些人命硬、經得起沖，有些人命弱，經不起沖。路沖並不是會都是不好的。有些路沖反而能使人大發或上進，就像我在本書前面所舉我的老師家的例子，有路沖的房子反而使他們一家都拿到博士學位，人生地位增高不少。有些有路沖的房子做生意也很發財、賺錢。所以路沖並非全不好，完全要看人經不經得起『沖』，以及所經營的行業經不經得起『沖』。例如靠三把刀的行業，如拿剃刀的理髮業、理容院、美髮業，拿菜刀的餐飲業、拿剪刀的做衣服、服飾的行業，就不怕路沖，而喜歡開在『路沖』的位置而大賺

錢。

路沖有時間性、時效性，也就是說『路沖』有運氣好壞。大則八年、十年，小則三年、五年，當人的運氣與路沖的旺運相合時，就會有金榜題名、名聲大噪，或暴發偏財運，或發大財，使人生運到最高峰，如果路沖與人運氣不相合，則易遭災惹禍，有官非或車禍、血光，生病、生癌症、開刀、窮困等運衰而亡。

會住到有路沖的房子的人，多半是八字天干、地干上多沖剋的人，或是在紫微命格中，命宮和遷移宮有擎羊、陀羅的人，『命、財、官』有羊、陀的人也易碰到。因為擎羊和陀羅就是一種刑剋和沖剋。

倘若要住到路沖對自己命運有輔助作用的狀況，就要你自己本身命宮、遷移宮，或『命、財、官』有化權、化祿才行。有化權最有用和有利。例如說我那位曾住在巴黎的老師，他們在巴黎的家有助他們一家都有讀書運，得博士學位，使人生增高的『路沖』地形，主要也是因為這位老師的命格中，在遷移宮有『天機化權居廟、擎羊』在午宮。他本身是巨門居旺坐命子宮的人。而他的太太的命宮則是『巨門、擎羊、鈴星』在午宮，遷移宮有天機化權。你看這兩個人在命、遷二宮都有擎羊和天機化權居廟，這是善鬥爭、會因爭鬥而得利的格局，當然也更容易住到『路沖』的房子，再加上二人的大運好，因此他們能住到對他們有利，使名聲上沖的路沖房子。

在路沖房子要看命格，看那二把刀並不準確。在北投復興高中的附近山腳下有一些有路沖的房子，開了很次廣東燒臘店、便當店，結果都收了起來，也有做過麥當勞及美容商店或全家福的商店的店家，生意都不好，幾乎都做不久。這一方面是沒碰到有強勢命格的人來此開店做生意，另一方面是這種『路沖』之路形並不筆直，而是彎曲、邪亂的路沖，因此你縱然帶有三把刀，很凶、很強勢的來與路沖對抗，但實際上邪鬼難纏，還是生意不好，做不起來的，在這個十字路口還有一個菜市場，買菜、賣菜的人在白天常堆滿街道兩旁，人也隨意穿越馬路，故常會發生車禍擦撞，這就是小鬼難纏的『路沖』了。

路煞的問題

路煞是指被路煞到、剋到。倘若房子旁有馬路形成大拐彎，而房子在弓背的一方，就會有路煞被沖到了，如圖。在圖中，在樓上的人會看到B段馬路會直沖他們的房子，這也是路煞。當有路煞的問題時，容易造成家庭不和、多爭吵、是非多，也易有金錢上的耗損和漏洞。家人易離散。做辦公大樓時，也易賺錢辛苦、多是非爭鬥，或錢財有漏洞，宜儘早搬開。

7 現今在都市中居住都很密集緊湊，有時在你買房子或選擇居住環境時，一切都還好、還順利，沒看到什麼刑剋煞氣。可是住一、兩年，周圍環境會變。或是突然看到自家對面樓上安了一個白鐵的大水塔，或是對面突然蓋了新房子，有屋角對著自己家，形成煞氣，而使你忐忑不安。

擋煞最好是用綠色樹木來擋煞。種一排樹木來擋住看不見就安全了，大多數煞氣和車禍、血光有關的煞氣都屬金，用樹木的木來剋金，能制化。

以前在美國的中國大使館面對一個公園，有一年，就突然在公園中設了一間廁所，正對著中國大使館，廁所為穢氣的煞氣，當然很不好了！但當地政府花了很大的經費才蓋了那間廁所，拆了可惜，也不可能拆。兩國情勢突然變的很緊張，經過和美國政府的協調，照著風水師的建議，在廁所前面種了一排

樹木，擋住由中國大使館目光所及之處的煞氣，才平安解決。

在我所住的住家附近新蓋了一棟六層樓新房子，而六樓兩戶賣了很久都賣不掉。有一天我在樓下散步遇到了建商及售屋仲介人員，這兩人在大嘆苦水說房子不好賣，這棟房子尤其是六樓最不好賣，拖了很久都談不成，我基於好奇，跟他們上樓看屋，他們一面訴說房子有多好、多好，不忘推銷。但從屋內客廳落地窗一眼望出去，就看到對面屋頂上巨大的水塔在閃閃發光，非常刺眼，這是『白虎煞』，直沖著這間六樓房子。因此凡是來看房子的人都在此房中留不久，會坐立不安，怪不得不易賣掉，當時我看這位建商和仲介先生都一副不信邪的模

樣，自然沒多說什麼，就告辭回來了。

過了幾天，晚上突然有人按門鈴，說是有事求教。就是這位建商帶著賣房子的仲介先生一起來拜訪，希望能指點迷津，能早日賣掉房子，好去做別的案子。這件案子實在拖太久了，有點得不償失了。

我告訴他們，此房子六樓所碰到的最大問題，就是房屋前面所面臨的『白虎煞』，建商說，他也知道對面水塔對這棟住屋有剋煞，但水塔在別人家，又沒有辦法管，要如何是好？別人肯定不肯拆除，實際上也無法遷移，因為對面一排整棟樓也要用水。

其實要制化這個煞氣也並不難，我告訴他：可請人和對面

大樓的人協談一下，建商可自己出錢幫對面的水塔外觀漆成綠色或水藍色，而不發光，反而就能改善煞氣，避掉煞氣了。因為是油漆外面，並不會影響水塔內水質的問題。其實只要好好和對方管理委員協調，稍為做一下敦親睦鄰的事，或請人幫對方清洗一次水塔，提出優惠條件，再動之以情。自然此事不難解決。房屋仲介業者都非常會講話，一定能說服對方同意將水塔外貌改漆顏色的。

水塔外壁不可漆成紅色或土黃色，會有水火相剋，仍會有煞氣存在，漆成土黃色或咖啡色都不佳，有土蓋水之嫌，會莫名其妙停水，或水塔中的水容易變質，多生細菌，住戶用水易生疾病，直接就會影響肝腎、泌尿以及生殖系統的疾病，也易

腹中長寄生蟲，或生癌症影響生命，因此要小心。

8 房屋面對大片的水或背後有大片的水，都是不好的。

雖然很多人認為『遇水則發』。但是水多則蕩，也容易窮困和存不住錢。所以很多住在海邊或面對大海的房子，其實只有夏天才有人去渡假，秋天和春天三季都空著，倘若你擁有這樣的房子，並不見得真能招財發富。這種海邊渡假房子也容易是大家想像談情說愛之地，但是真正住在此種房子中久一點，就會男女雙方感情冷淡了，住在此種房屋的夫妻也會分離、離婚或生離死別少一人了。此為『孤獨相』的屋相。

二十多年前，我住在關渡大平原，非常空曠，白天有日

出、日落、飛雲，夜間星斗滿天，與遠處可見的燈火連綿。也看到新光三越大樓像鉛筆頭一樣的豎立在那裡，以及放煙火時，遠觀完整的煙火場面，十分愜意。但是每逢雨季來臨，房子對面大片農田中就會積水，尤其在冬季收割後，稻田中就變成水澤一片如汪洋大海了。每逢於此時節，我就記得，手邊會不富裕了。倘若此景像會持續一周，就一周不富裕較窮，如果持續一個月，就一個月較窮。而且少與人聯絡，而較孤獨。後來我搬到較熱鬧、較方便的地區，就不再有那種經驗了，但也少了看雲看日出、日落及燈火的樂趣。

所以水太多也未必會富，一定要適當才會對人有利。

9 住屋有院落，要注意院牆的高度，不能太高。高過一樓的房頂，或高過平房的屋頂，都容易有官非糾纏，有困厄之象，或有牢獄之災。院子牆不可裝有尖銳物或有帶刺的電纜線通電，這本來是為防小偷所做的防範措施，但最後會成為刑剋自家人的『形煞』。會造成家人腸胃不適，或家人不和。院牆上也不能種植爬壁虎等的植物，或寄生植物，也會造成家人多病，會生癌症的問題。

院子牆太矮，或大門破壞，長久不修理，或是有樹幹伸出在牆外，都要小心門風不牢的問題，以及紅杏出牆、多惹邪淫桃花的問題。花木要常修剪整齊，凡事有規有矩，家運才會蒸蒸日上。

10 屬於能創造偏財運的屋向有兩種：

一種是面向西北方。是房屋坐東南，面朝西北方。這是命格中喜用神需要金水格局的人要用的方位及方向。一般命格中有偏財運的人，又是夏天四、五月所生之人，需水孔急，而住屋為門朝西北方，能促使快發。而命格中沒有偏財運的人，若也是夏日所生，命格需要水的人，住此種門向西北的房子，也能有無限好運，至少在財運上能順利。

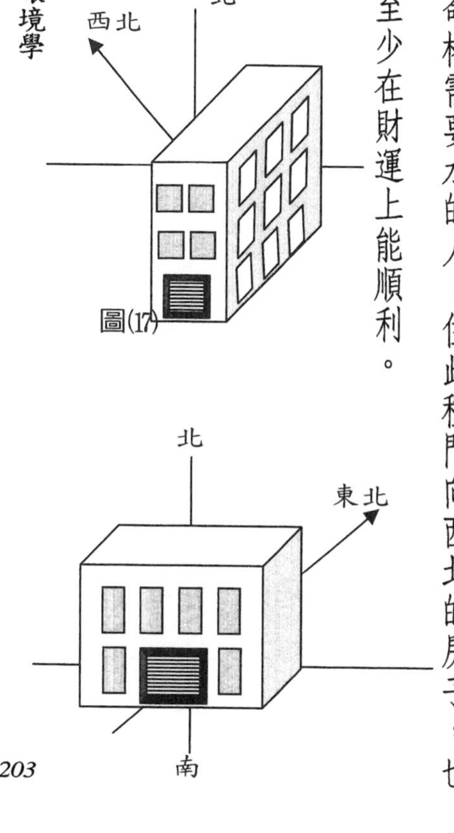

圖(17)

另一種是面向東北方，是房屋坐西南，門朝東北方。這是命格中需要木火或土的格局的人所要用的方位和方向。一般命格中有偏財運的人，又是秋季、冬季所生的人（至少是大暑以後所生之人），需要用火來調節氣候的人，住這種門朝東北方的房子，會發得較快、較大。但是命中喜用神要火、土的人，要每三個月門向要轉回南方一個月，而東北方不能久待，否則仍有損耗。這是因為命格中喜神為木或土的人，只有火、土是正用，最吉的方向是南方，為了得偏財運而將門向轉為東北方，不算正用，亦可能同時附帶災損，故要以三個月為一期來轉回正用的南方，來增加財方之氣。

東北方在古代是破軍方位的朝向，古代以東北角為出戰的城門。因此住屋門向若是朝東北方的，也將多遇是非、口舌、爭鬥。這是需要注意的，命格不夠強的，不能用，即使有偏財運也要防有血光及耗財。

又因為東北方的偏財方方位和正南方的正財方方位是不同的方向，故可將家中設置前、後門。想做偏財運時，走面向東北方之門。要休養生息得正財時，則走南方之間，東北方之門則緊閉不開，如此便能順利得財。但因此種屋向有前、後門，要小心錢財易流失，故使用時只能開一個門，另一門則要緊閉才行。

11 住屋為高樓或大廈，或整排高大的房屋，屋前及房屋對面不可有矮小破敗的房子或垃圾之物，否則即使這棟大廈房子再豪華高尚，都免不了進不了財，有困窘之時。某些蓋在舊社區中的大廈，或是本來是住宅區，但因商業繁榮之後，有部份地區改建大樓，仍會面臨屋前或屋後，或前後左右有矮小破敗的建築，一直到等到這些破敗的矮建築再改建大樓，此棟大廈也才會轉運。像台北市的南京東路、中山北路等地方也有很多這種現象的問題存在。至於屋前有垃圾山或垃圾之物，都會帶來穢氣而不吉，主窮困。

12

當住屋或辦公的大樓建築為玻璃帷幕牆時，這是屬於金水格局的房子，以香港為最多，常常一條街整排都是造形新穎的玻璃帷幕大廈。玻璃帷幕大廈，以灰、白、黑三色為主的搭配鋼架牆面為最吉。如果大樓老闆的命格是要金水的格局的，則此棟大廈能為主人賺進大把鈔票。但大樓的玻璃帷幕如果是泛紅光的，或是牆壁有紅色磚瓦、馬賽克，而玻璃窗面積又很大的，則是水火相剋的格局，對誰也不利了。住在這棟大樓中的人，或在此大樓上班的人，會性格衝動、古怪、莽撞，少思考、易有官非，易和別人多衝突和糾紛。也要小心車禍、血光、開刀之事，更易發生火災、疾病，易得流行病。

在這棟水火相剋的大樓隔壁的大樓。如果也是玻璃帷幕的大樓，因為玻璃有反射作用，自然能將煞氣阻擋。但是玻璃帷幕大樓有相剋的影子落在自己身上，會有雙重的刑剋。一種是直接刑剋，一種是間接刑剋，但也都會形成官非爭鬥和血光之災，賺錢較辛苦的格局。

13

如圖中左邊的大樓，屋相正面大片的牆有整齊的小圓圈的富戶，這是很特殊的設計，在風水擋煞方面也別具意義。因為右邊的大樓的大片玻璃窗牆很可能是紅色或紅咖啡色會發出光芒

的牆壁，對左右或前後的大樓會造成煞氣。所以在其旁的大樓必須想出應對之計，否則就會受剋而不吉。因此這棟木樓的設計者就想出這種特別的設計，把大樓正面的玻璃窗全面做成不大的小圓形玻璃窗，當天氣好的時候，會映在隔壁這棟玻璃帷幕的建築上。在外觀上看來非常有趣，實際上也是為制煞所做的一種規劃。

14

選擇房屋時，不論是住家或做為辦公室，最要注意不要選到曾有凶殺、暴死、惡死而亡及發生過火災、槍傷的房屋，因為這種房屋，多半是有是非糾紛、傷災、耗損，更易留有陰煞或冤魂的房屋，會給自己帶來衰運及穢氣，宜多注意社會新聞及向該房地產左右鄰居多打聽為宜。

買房子或找租屋，要瞭解自己喜歡的特定地區的歷史，以免住到墳地、墳場、古刑場、古戰場，或是屠宰場或醫院遷址而改建的房子。因為這些地方，多多少少會留下逗留不去的靈魂而帶來陰煞不吉。是故，房屋面對醫院或屠宰場，也都是不吉的。常會有死亡陰影籠罩，會影響人的心理健康。

住家房屋靠近廟宇、寺塔，也都不吉。因為廟宇、寺塔之處也是陰氣靈魂聚集之處，對於活著的人要長期生活是不益的，也會影響人的運勢，有健康上的危機和血光之災，財運也易受阻，只有天梁居旺坐命的人，適合住在廟旁或廟中，但也易鰥寡孤獨，潦倒以終。

第五章　室內風水格局的原則

要講究室內風水格局，首先要以屋內整個面積的規劃來看風水好壞，其中包括客廳和房間的大小比例，以及廚房、廁所的規劃，人在室內行動方便的規劃，室內每個房間是否皆為方正格局，採光亮度與空氣流動的順暢。與安神位和牆壁裝飾等問題，每一個小環節皆為對人影響深遠。

第一節　客廳和房間的規劃與風水原則

明堂風水

當我們去看一間房屋時，首先會走到此房屋的門前。此房屋的門前就是此屋的明堂之一。若屋前有院子，院子就是此房屋的明堂。如果是二樓以上的公寓或大廈，就以樓上電梯口至你家入口之間為『明堂』。每一戶落地窗外的陽台，也為你家的『明堂』，這些都算是外在的『小明堂』。大的『外明堂』是指房屋的正前方，房子以外的廣大地方。

凡屬於『明堂』之內的地方，最好要空曠一些，不要堆雜物或穢物，也最好不要放臭鞋子，以免帶給自家穢氣。明堂是代表人的前程與事業的地方。也是客人到你家來的第一站。更是你與外界接觸的第一站，要想人緣關係好，事業有前景，就必須注意『明堂』的整潔與佈置。亦可放些盆花和植物來美化環境。

室內廳房的規劃

1

最好的室內屋相，便是從明堂進門，更是客廳，也就是客廳在整間房屋的前面。客廳也是與外界人際關係交流的重要場所。也是人的面子所在，客廳要寬大、光亮、

方正、高度適中，地面平整，就能給家庭帶來吉運隆昌，生活順利。

有些家庭的客廳在整間房子後面或中間，這些狀況皆為不吉。人會不重視臉面問題，事業、工作也會崎嶇難行。有些家庭一開門便是飯廳，再到客廳。這種家庭注重吃，永遠吃不飽，家中小孩易成酒囊飯袋而無用。有些家庭將房間置於進門處，而將客廳放置於整棟家室的後面，每次有客人來，必先通過前面的房間或通道，一直走到後面才能到客廳坐下來，這種家相，都是主窮和主不重視臉面，事業的屋相和家相。家中必定窮困和易受欺負，住在其中的人，也會是非不清、顛三倒四，或做些偷雞摸狗之事。

2

家中客廳必須要光亮，人才會行事磊落光明，前途也才會光明。如果家中客廳昏暗，有時是省電的關係，有時是房屋夾在別棟建築物之間而造成採光不好，家中之人會事業運不佳，讀書也會讀不好，前途不佳。尤其家中常緊閉門窗，及拉上厚重窗簾的人，易畏光，人生前途都會較陰暗不吉。

客廳代表一個人或一個家庭的頭部，窗是眼睛門是口，因此全部要具備功能，才能成為吉相風水。

3

客廳的天花板不可太高或太低。太高時，會感覺室有風或空氣氣流在迴旋，不能聚氣，因此客廳會較寒冷，人都待不住，也會少人氣、不聚財，進財不易、耗財多。

太廳時，會對人有壓迫感，也易使人常低頭、畏縮、卑躬屈膝、懦弱，成事不易。自然賺錢也更辛苦了。目前許多大樓一大廈，尤其是辦公大樓的屋頂、天花板都很低，因此做生意就更辛苦了。

4 客廳太窄或有斜角、尖角都不吉

客廳太窄，住在其中的人會小氣、氣度狹窄及吝嗇，人緣也會不好。自然前途也不甚光明了。

客廳有斜角、尖角，是指客廳不方正。這種屋相會像前面所說的。客廳也有自己的八卦方位，缺角在那個方位，就有那種刑剋不吉，客廳以進門口之方位為乾位。

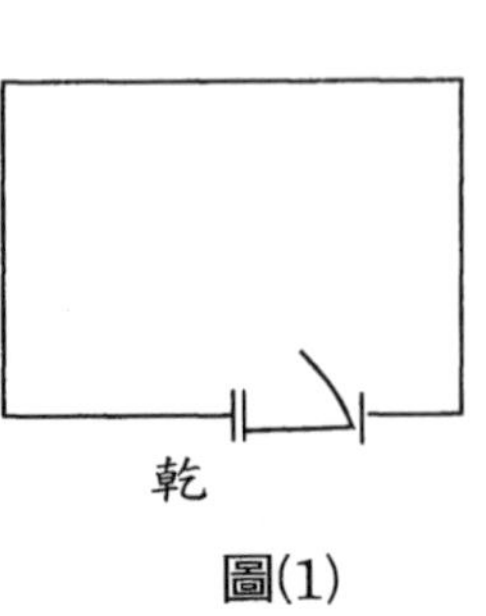

圖(1)

因此門口很重要，代表家中主人的身份、地位和前途、事業。

5 客廳通往外邊之門，應開於房屋的龍邊。勿開於虎邊，這是以身在屋內向外看所訂的，如果人站在外邊，看這棟房子的入門口，則為在右邊。**客、廳的門不可做得太高大，大於院子的大門**。表示會內外不一，想一套做一套，也會不實際而失敗。也容易想吃而吃不到，也易絕嗣無後代。

客廳的門太矮或太小，也不佳。門代表口食之祿。門太小或不夠高、太矮，皆表示口食之祿太少、太小，容易賺不到錢，或受人欺負。

客廳的門太寬，或是對面對開的兩扇門，都不吉。代表口太大，耗財多，家人易吃不夠、吃不飽，財也會留不住，或進不了太多夠用的財而辛勞而已。

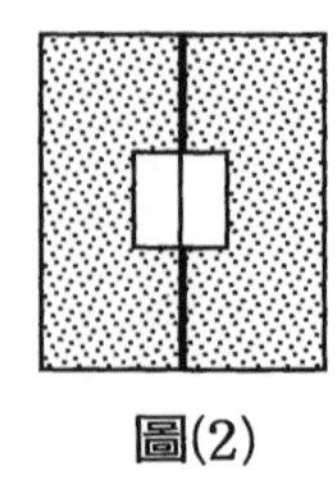
圖(2)

客廳的門太窄，住在屋中的人亦會心胸狹窄，人緣不佳，機會易錯過，前途不佳。

6

客廳的門著有兩扇，一大一小，容易離婚，家庭不和，左邊一扇大，則男主人較強勢，易離婚再娶。門右邊一扇較大者，則易離婚，再嫁。兩片門一樣大的。

7

屋內房間最怕門對門，會造成對沖。會起糾紛、口舌是非、兄弟不和。

屋內也怕門戶相穿，如果進屋的大門和客廳之門，房間之間，或後面的廚房，後陽台之門，全在一直線上，形成相穿的形象為不吉，易造成家中人易因車禍、血光、受傷，以及家無餘糧或餘錢。開門最宜向內來開門，不宜向外推或向外拉，一方面不合人體工學，一方面也要小心財不外流。

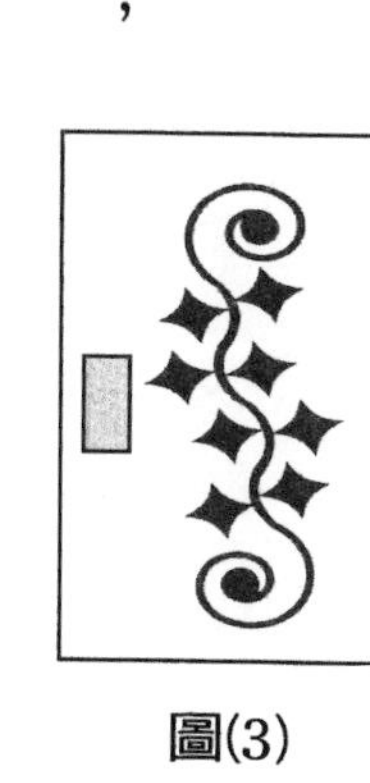

圖(3)

8 客廳的門若為拱門形狀的屋相人家。家中會辛苦為子女做牛做馬，子女易犯上、不孝，也不會體諒父母。父母易早亡。

圖(4)

9 客廳的門，如果有花格或特製鐵鍛造的花樣、縷空可看

進去的狀況。容易家人桃花外露、門風不嚴，也易遭人窺伺、覬覦，也易遭賊。

10 **客廳或樓下大門有破舊、毀壞，或關不攏的狀況，要快點修理好**。最怕兩扇互相傾倒，易有血光、凶殺之相。也會家不幸，有災難或爭吵發生。

11 **客廳進門口對角線的角落為財位的方位**。看房子首先要要尋找財位。每間房間有自己的財位。桌子有財位，床也有自己的財位。

客廳的財位在進門口的對角線角落處。例如門在客廳青龍位，則在前方對角線的角落為財位。如果財位為別的房間的入口（門口），則此房子沒有財位，將存不住錢。沒有財位的房

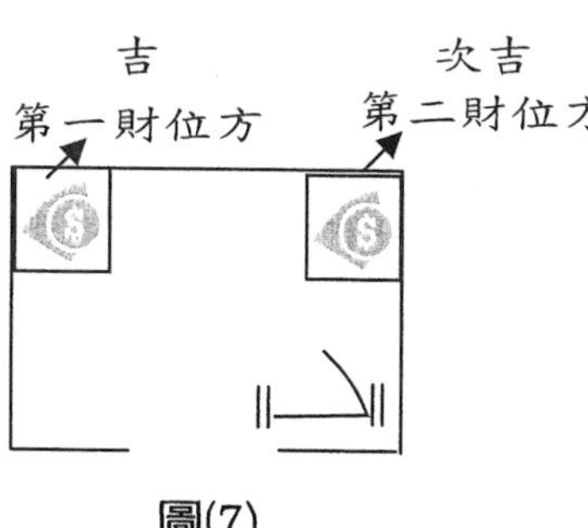

圖(7)

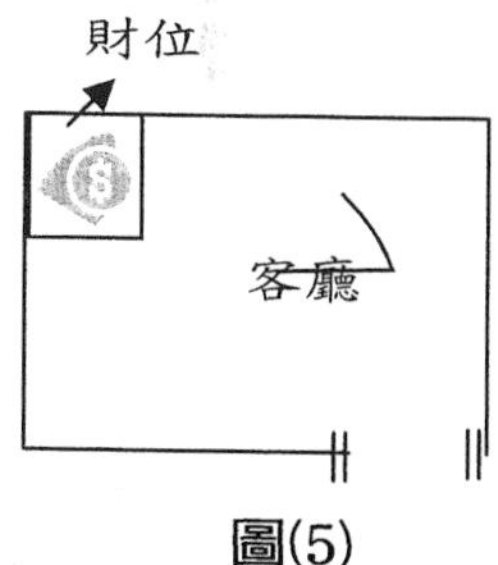

圖(5)

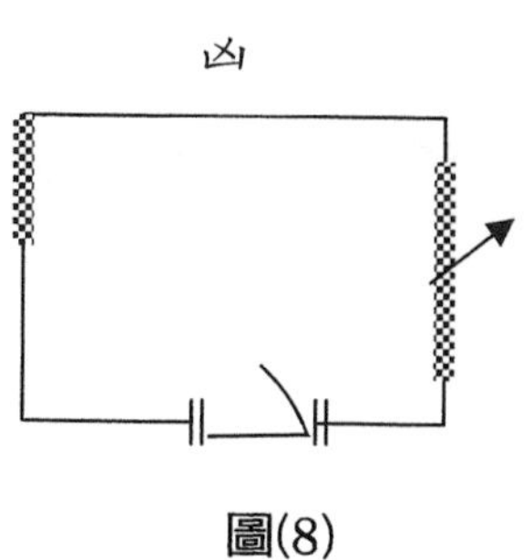

圖(8)

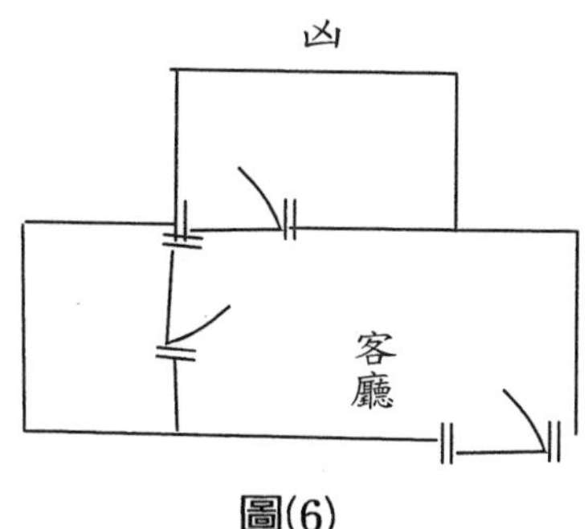

圖(6)

子，其實住在其中，錢財都如無底洞，完全無法有存留，只出不進，十分辛苦。此格局要改善，只有搬走另覓風水居屋，要不然就要大動干戈，改房間的門了。

如果客廳的門在中間，還是右前方對角線之方位角落為第一順位的財方。如果此方不可用，再用右前方對線之角落為財位。如果兩方皆不可用，如圖，對角線左前方角有門，對角線右前方有落地窗，則此屋無財位。也有『穿堂煞』，不吉。此屋風水要修改都很難修改，是難存錢、沒有財庫的房子，家人也是非多。

客廳財位上可放置的擺設

客廳財位上可放置的擺設，要以此房屋的主人之喜用神來定，或是以住在此屋中的主人的喜用神來定之。

以喜用神宜忌來選擇吉祥物

如果喜用神是要『火』的人（如丙火、丁火）

財位上可放紅色麒麟、紅色龍的裝飾物、牡丹花鳥圖、老虎的畫或雕塑品，馬的裝飾品（包括畫及雕塑品），因為老虎代表『寅』，寅中有甲丙戊，對喜用神要火的人為吉。因為馬代表『午』，午中有丁己祿，也對喜用神要火的人為吉。

※喜用神要『火』的人，不適宜在財位上放水晶或魚缸，否則會愈來愈窮，並且有疾病、血光、車禍之厄。因喜用神要『火』的人，本命命格太涼。水晶、魚缸是屬金水格局，故不符合使用。

如果喜用神是要『木』的人（如甲木、乙木）

財位上可放置綠色植物或花卉。例如竹節或木雕飾品，或茉草類的飾品，或植物類小擺飾，或綠色的擺飾。或是森林的風景畫，或是茂盛花朵的畫，此命格的人，最適合用畫家梵古所畫的向日葵來做為招財的畫，把畫掛在財位上，能招正財。命格需木火旺的人，也可在財位上放置木雕的古董燈飾。亦可擺虎、兔、龍等飾品或擺設或掛畫。

如果喜用神是要『土』的人（如戊土、己土）

財位上可放置陶瓷類之藝品擺設等物，也可放置泥塑或石雕之古董藝術品，最適合土黃色、咖啡色的飾品擺設。因為火會生土，故也可以擺紅色飾品，亦可擺設牛、狗、羊等動物飾品或擺設。

如果喜用神是要『金』的人（如庚金、辛金）

財位上可放置銅錢，金屬類的雕塑、金屬類花瓶、金類藝術品，最適合黃金色或白金色、發亮的飾品擺設。但財位最好別掛銅劍或刀兵之器，以防刑財。亦可放水晶、魚缸。命格喜用宜忌要金的人，多半性格軟弱、懦弱、意志力不強，或發奮力不足，例如做事無毅力，或無法早起工作，因此可以在財位

上放一對公雞、母雞帶小雞，能幫助你早起工作。雞是酉，故帶金．也可以放猴子的雕塑品，人際關係會好，桃花多，行動會靈活。

如果喜用神是要『水』的人（如壬水、癸水）

財位上可放置水晶柱、魚缸為佳。魚缸中的魚要以黑色、白色為多，紅色魚要少才為吉。有的商家因生意競爭激烈，故喜養紅龍或食人魚，或是血鸚鵡等魚。做招財風水的魚不適合用凶猛的魚來用，因凶猛之物也是『煞』和刑剋，會不吉。而且本命要水的人，要的是壬水和癸水，紅色對其不利，會不吉。因此紅色的魚是不能做風水魚的，只有黑色魚、白色魚、銀色魚、金色魚、藍色的魚才能做風水魚。綠色魚、紫色魚也勉強可以。

喜用神要水的人，亦可在家中放置猴子、老鼠、水龍等圖畫或雕塑品來助運。

12 客廳與房間的比例，客廳應大於房間為吉。

客廳與房間的比例，客廳應大於房間為吉。客廳小於房間為不吉。**客廳或起居室應比房間為大**。因為是家人團聚之所，也是招待客人的，具有人際關係連繫之所，因此非常重要。客廳比其他房間大的家庭，是重視面子、名聲，也重視人際關係的家族，會好好經營自己的人生及人脈，也會正派及努力上進，使人尊敬。

客廳比家中房間小的人家，家人互動少，各管各的，相互漠不關心，各自自私，未來也會各分西東，感情淡薄。

13 房屋之中，不可再加蓋一個有屋頂的房子，否則易死人。房屋之中是不可再加一個有屋頂的房子或是將貨櫃屋放在房屋之中，必有死屍。

事情非湊巧，都發生在上個乙亥年的時候。有人找我幫他去看一間工廠，看看能不能買？那家工廠已經歇業，本來是兩兄弟在經營的鐵工廠，但哥哥發瘋了，所以做不下去了。那個工廠很空曠，但是在一邊靠牆的地方蓋了一間很古怪的房子。房子蓋在室內，為何還要再加蓋帶屋瓦的屋頂呢？非常古怪！打開這間小屋子的門，卻看見許多衣服，和布帶子。我很奇怪的問帶我們看房子的仲介和主人，問說誰住在這裡，工廠主人

就是那對兄弟的弟弟。主人說：是他哥哥嫂嫂為了工作方便，所以住在這裡，現在沒有住了。

我們看了看出來，想買工廠的老闆迫不急待的問我可不可以買？我告訴他！此地曾有死人，而且是自殺上吊而亡，除非拆了裡面這棟小屋子，否則太陰沈，是不適合買的！這位想買工廠的老闆又再轉身回去殺價，並說此屋死過人，要求降價。果然，賣屋的主人說，是越南籍嫂嫂生下小孩後，在此上吊自殺，哥哥受不了打擊而瘋了！他很驚訝我們是如何知道的？事實上屋中有屋，就是『停柩厝』，是會死人的。

其實這麼凶險的屋相，即使再便宜，也是最好別買的，以防衰運不斷，根本佔不到便宜。

另一件事情則是在事隔兩、三個月，傍晚我回家時，看到隔壁棟大樓前有吊車，正把一個貨櫃吊往隔壁樓頂陽台上。隔天就在我們陽台上看到隔壁陽台上的人在圍著那個貨櫃烤肉。原來他們把貨櫃箱裡面用檜木裝潢，變成一個小房間，十分可愛。

隔幾天又聽到敲敲打打，居然他們又把陽台加上屋頂、牆壁，蓋了一間房子，把貨櫃包在裡面了。我心想：不好！可能會死人！但又不好去向他們說，因為並不熟，而且別人也不一定相信，可能還會罵我！

自從他們在陽台上蓋了違建房屋，我就不曾看到有人在陽台上烤肉乘涼了。我想他們也許在屋內玩耍。隔了大約一個

月，居然這家人在樓下辦喪事，就是那個把貨櫃弄上屋頂陽台，又在陽台上蓋違建成為『屋中有屋』格局的兒子，就死在檜木做的貨櫃箱的小房間之中，是暴斃而亡。因此要小心不要在房中再蓋房子。

有人說：『房中有房，會有二房。』指生先會有小老婆。那是將一間臥房一分為二才有的現象。因此臥房不能分隔為二間，以免有不吉。

14 客廳不可對灶，房門也不可對著灶門，皆為不吉。

客廳對著廚房，灶門外露，家無餘糧，油煙也會鑽到客廳，造成不好的氣流、氣味。臥室或書房的房門對著廚房，也是會有不好的氣味傳來，易有呼吸道的疾病，家人也會有脾胃方面的毛病。並且也易錢財不易留存的問題存在。

15 客廳和臥房的房門不可對著廁所。臥室和廁所隔一道牆，則床和櫃子也不能貼著這道牆，以防潮濕或易生穢氣招蟲，對人不利。

廁所是穢氣和濕氣共同存在的地方，這是雙煞，現在家庭中衛浴共用一間，因此濕氣更重，要小心肝腎不佳。

家中廁所也最好不要設置於屋中心或廁所不透窗，則穢氣無法向外渲洩，長久下去則易臭氣留在家中，而家運不好。

第二節　客廳與臥室的佈置仍要以喜用神為主

有關於客廳的裝潢和臥室的佈置，都是要以房屋的主人之喜用神為風水格局的依規的。

喜用神會決定門向與室內色彩

例如喜用神為金水格局的人（喜用神為庚、辛、壬、癸）

其人所選擇的屋向應該是門朝西或朝北，而室內客廳或臥房應用金水系列的顏色來裝潢及佈置房子。例如用藍色、水藍色、粉藍色、黑色、淺灰色、深灰色、白色、金色、銀色來佈

置裝潢房子。臥房中的床單、被子、窗簾、牆紙、牆壁，大片面積的地方最好都用上述顏色為吉。

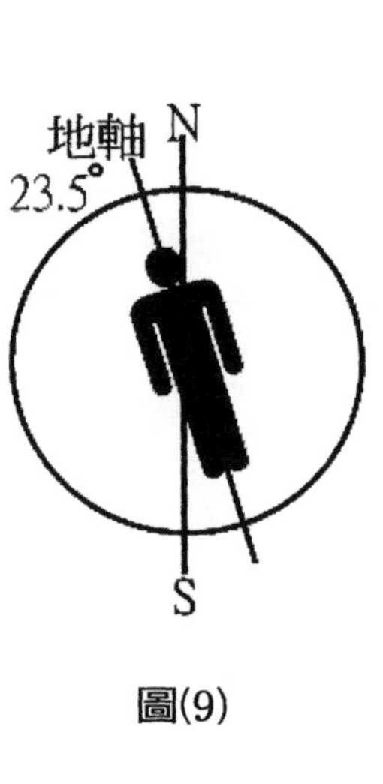

圖(9)

地軸
W
E

圖(10)

擺床的位置：要以頭朝北方或西方，腳在南方或東方來躺下來睡覺，這樣你和地球的地軸是平行的，如此的磁場對你有利，睡眠可增加你的腦波，因此你會變得頭腦更清明、更聰明，睡眠能得到完整的休息，能養足元神與精神。在工作時反應更靈敏，做事更有效力。

例如喜用神為『木』的人（喜用神為甲木、乙木）

其人所選擇的屋向應該是門朝向東方，而室內客廳或臥房中，應選擇綠色來佈置或裝潢房子。例如沙發選綠色的，床罩、被子，和你身上穿的衣服、窗簾，或牆壁都可設計為深淺不同的綠色。要用綠色的人，主要是你命格中的土太多或金太多，以木剋土，或以木制金，會使你發奮，也能使你愛唸書或有成就一點。

擺床的位置：床頭要朝東方，腳在西方躺下睡覺才對你有用。這樣你的身體和地球的地軸成垂直狀態，磁場也是這樣才

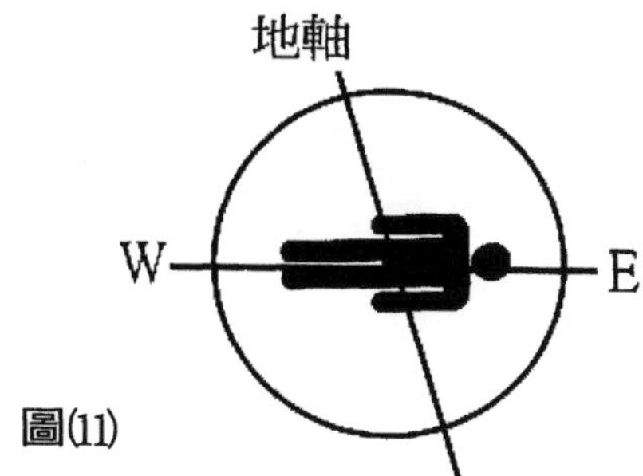

圖(11)

能替你充電。

例如喜用神為『火』的人（喜用神為丙火、丁火）

其人必須選擇的屋向是門朝南方（房子座北朝南）。而室內客廳或臥房中應該以暖色調、紅色來佈置或裝潢房子，例如用紅色的沙發，或椅墊是紅色的，窗簾是用有紅色花紋的。床罩、被子、牆壁、牆紙可設計帶紅花，或深淺不同的紅色來裝潢佈置。要多用紅色的人，多半是你命格太冷、太涼了，或是秋天、冬天出生的人，為調節氣候，而要用喜用神為火的喜用。亦可能你本命中金水太多，要用火來暖命或金太多，須用

圖(12)

火剋掉金・因此穿紅色的衣服或環境中多一些紅色，也對你有利。你的財方就是南方。

擺床的位置：要頭朝南方，腳在北方躺下睡覺才對你有用。這樣你的身體會和地球的地軸成平行狀態。磁場會為你充電飽滿。

例如喜用神為『土』的人（喜用神為戊土、己土）

其人必須選擇的屋相是門朝南（房子要坐北朝南），最好住中部地區。室內客廳或臥房中應該以土黃色或咖啡色系來佈置房子，例如傢俱用土色系的沙發，或用咖啡色沙發及椅墊、窗簾、床罩、被子可用深淺不同的土色或咖啡系列顏色來佈置。

喜用神要『土』的人，多半命格中水太多，水多土蕩，易命運飄泊，辛勞而不富裕，要止水流，故要用土來築堤防。故土是很重要的改運元素。因火能生土的關係，財方、吉方仍是南方。

擺床的位置：要頭朝南方，腳在北方，故床頭要朝南方為吉，這樣你的身體會和地球的地軸成平行狀態。磁場仍會使你充電飽滿。

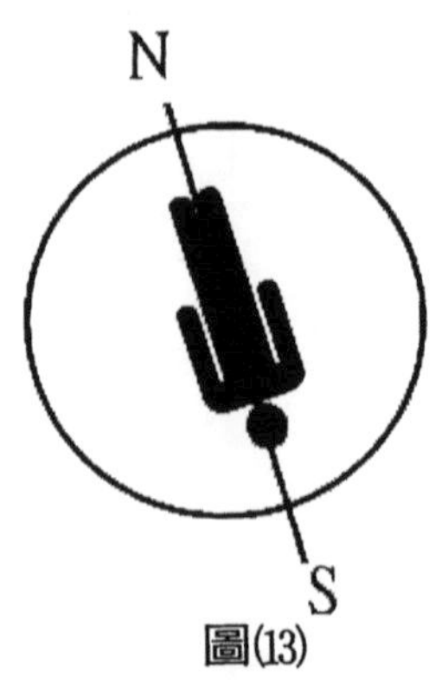

圖(13)

第三節　安床的吉凶禁忌

安床的吉凶禁忌

1 **床的質材最好是以木質材為主**，睡銅床的人會容易桃花少、不婚，或不孕、子女少。床墊不能太軟，會對脊椎骨不好。水床也不利人體工學，也不算好的休息床具。

2 **床要選擇有四條腿，床下能通風**，不可堆雜物，或是有櫥櫃的床組，會容易生蟲，或多積灰塵、黴菌、塵蟎，對人造成過敏現象。

3 **床墊也不可直接放在地上來睡覺**，即使在閣樓中，不用床直接安置床墊，這樣也不好，仍容易引發塵蟎或濕氣，並使人精神萎靡、不振作。所以人還是要規規矩矩睡在床上，四平八穩的，才能真正得到生養休息。

4 **床不可太貼靠牆，要稍有一點矩離**，以防濕氣浸床，而易生筋骨酸痛的毛病。床靠牆的背面不可為廁所、浴室成有樓梯。床頭亦不可在樓梯下，會讓人睡不安穩，有四肢酸痛無力，以及腦神經衰弱的問題。

5 **床頭亦不可在樑下或柱子下，易被壓**，也會有筋骨酸痛、脊椎骨有毛病，或是長久之後有腦部疾病。

6 **床前不宜有鏡子或電器品**，以防對腦波干擾。

床前有鏡子，睡醒起床時常會嚇一跳，人有起床瘋，愛發脾氣，故易夫妻不和，或愛和家人爭吵，不容易控制情緒，容易頭重腳輕。有高血壓的人，尤其要注意，很容易中風或重病。有電器品在床前，如有電視或太亮的燈都不利睡眠，電視會有輻射及干擾人腦波的作用，因此都不好。

7 床不可對著門。

一方面睡覺的人會受到突然開門的人的驚嚇，一方面沖床會有刑剋，易有病痛、血光。

8 床的上方不可有電燈或懸掛東西，也不可有樓上的廁所在床的上方。

這樣睡覺時，容易被穢氣沖到，長久易生癌症。被上方懸掛東西沖到的身體部位，如果是腹部，就有腹部疾病或癌症，如果是頭部，就易有頭部癌症。

9 **床頭不可在窗下，容易生病著涼**，也容易受光線而驚醒。但也不能逆光而睡，陽光充足時，很刺眼。床宜稍離窗邊較安全穩定。但要靠窗邊的牆為佳，才有靠山。

10 **臥房也不可無窗**。窗戶是房間的眼睛。房間無窗，則無眼睛，這種房間住久了，空氣也不佳，人也容易昏庸無能，沒有前途。

11 **臥房最好別用上下舖的雙人床**，因為睡下舖者會一直受上舖的人壓著，一生運氣是不會好的，除非遠離此屋才行。

12 **床也是有財位的**，在床面上的左上角位置，也是龍邊的

位置，就是財位。宜將一些銅錢放在財位上，能使做生意者連睡覺都能生財。

第六章　安書桌與安神位

第一節　如何安書桌及書桌財位

普通一般人家宅中，安書桌會以為要找文昌位來安置。其實安書桌和安文昌位是不一樣的兩碼事。書桌可以放在對你有利的方位，讓你使用起來方便，也喜歡到書桌前坐一下，思考或理財計算一下，或是讀一些自己覺得有利或有趣的書。

文昌位大多是用來參加考試、讀書，或臨時抱佛腳來用的。當然啦！你如果坐的住，就一直把桌子放在文昌位，自己也長期坐在那裡，也一定在功課、讀書和事業方面有斬獲的。

一般人安書桌用有利於自己的喜用神方位就可以了。喜用神方位就是財方、吉方。例如**命格需水的**，就把書桌面朝北方，人坐南方而面朝北。

命格需要木的，就把書桌面向東邊，自己坐西朝東。

命格需要火的，就把書桌面向南邊，自己坐北朝南。

命格需要土的，就把書桌面向南邊，自己坐北朝南。

命格需要金的，就把書桌面向西邊，自己坐東朝西。

如果要考試需要以文昌位來助益的，**文昌位有兩種：一種是西南方的文昌位，在你房間的西南方**。這是命格喜用神為金

水系列的人要用的文昌位方位。你可以面向西南方而坐來讀書。亦可以選房間中的西南方位放書桌，但書桌仍是坐南朝北的方向。也就是說你雖坐在房間靠西南的位置上向南，但坐下來時，臉是朝北在唸書的。

另一種是東南方的文昌位。在你房間的東南方。這是命格喜用神要木火系列的人要用的文昌位。你可以面向東南方而坐來讀書，亦可選房間中的東南方位置放書桌，但書桌仍是坐

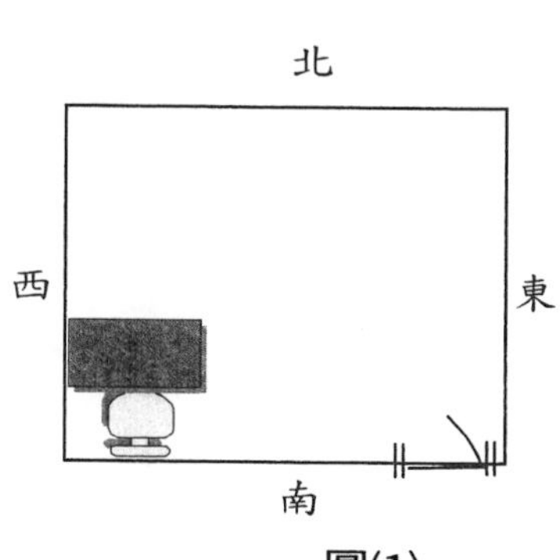

圖(1)

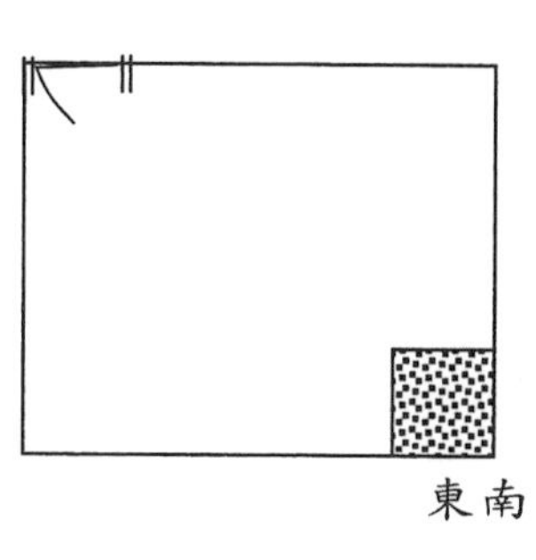

圖(2)

北朝南或坐西朝東的方向，也就是說你是坐在房間靠東南的位置上，但坐下來時會臉朝南或朝東在唸書的。

書桌的財位

書桌的財位在書桌上的左上方。不論你是正在讀書的人，或是在工作或經商的人，書桌上的財位都很重要。書桌的財位上不可雜亂放東西，應放會招財，有利於自己的物品。**例如命格要水的人**，宜放小魚缸或筆墨水盤，寫毛筆字的用具，或用乾淨的水來養植物，會對你有利、進財快，遇水則發，或放銅錢，以及放金色、黑色、白色、藍色的

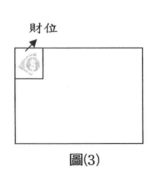

財位

圖(3)

擺飾用品來促運。

如果命格要木的人，或積極要考試的人，宜放植物、綠竹在書桌左上角上來增運，讀書考試會順利。

如果命格要火的人，宜放紅色吉祥物的紅麒麟，紅色龍的飾品在書桌財位上。也宜放一個小的紅色聚寶盆在財位上，能增財運。

如果命格要土的人，宜放陶瓷藝品或土捏的、泥塑、玩偶或飾品在書桌上的財位上來增運。

第二節　如何安神位

很多家庭想供奉一些神明來保佑自己，或是在人生不順時特別想請一座神明在家，可以隨時膜拜。有些人把祖先牌位放在家中，也要安神位。平常的家庭，並不需要一定要自己在家中安神位，而且安了神位之後，天天晨昏定省的要拜，不能忘記，一定要虔誠才有用。很多人容易忘了拜，或胡亂拜，都不行，反而會招災，或引來邪靈作祟而麻煩。是故，你一定要想清楚了，是否能長久的一直侍奉好神明才去安神位，不能隨便丟棄神像，或隨便請出神明神像，則必有災禍發生。

安神位首先要選擇要拜的神祉

一般家庭及商家所拜的神祉有觀音菩薩、媽祖、關公、福德正神、玄天大帝，有些人有特殊的信仰，例如拜虎爺或濟公，或其他仙界、神界或靈界的神明。我們最好先要對尊奉的神明的事蹟先多瞭解一些，再來安神位及請回家來，否則是拜的是佛教、道教的神或是該拜葷的、拜素的都搞不清楚，亂拜一通，也不會靈驗。

現就一般拜觀音菩薩、媽祖娘娘，或關公、土地公等傳統的神祉的方法來談安神位。

安神位的準則

1 安神位時，所求的神像不需多，供奉一尊神明就可以了。如果要同時供奉多位神明，須以單數為吉，因為單數為『陽』。但神明供奉最多五尊，否則神太多，家中整天神佛亂舞，不為吉事。

2 神明要按位階排列才不會出錯，或遭神明不滿。

3 神像要選擇質材為樟木雕刻或一體成形的雕像為佳。其次為木材是檀香木或沈香木，肖楠木等木材雕刻品。銅製及瓷器製的神像，易有中空狀況，易寄生邪靈而不吉，故最好不要選用。

4 神像雕刻要五官端正、肅穆，有高貴氣質，眼睛要有神，才會有靈。不能臉眼歪邪，否則再好的質材也要捨棄。

5 安神明座時要擇日，用你的流日逢『天梁日』時來安神位最佳。另外也可用農民曆上之安神位之吉日來安神位。

6 擺設供奉神明桌可購買新的已經現有店售的桌具。如果要在牆上釘神明座，則要用魯班尺來量高度，有特別神明位的高度可使用。

7 神明背後要靠牆壁，稱為有靠山，神桌不能離牆太遠，否則家人也易無靠山，神明保佑不力。

8 神明背後要牆面平坦。最好用彩繪的圖畫來做背景。神

像會看起來較威風、有精神。否則也要紅紙或黃紙來做背景。一般神明用紅色做背景，仙界神明用黃色做背景。

9 神位上方或下方不可是別家的廁所，以防有穢氣沖撞神明。神像也不能坐於水溝、水道之上。神位更不能在牆背後有廚房或廁所。

10 神明要眼朝前看，且儘量要讓祂看得遠，能穿透前方明堂，神明愈看得遠，表示屋內人的前途也遠大。其視線方向也要和房屋朝向相同。

11 神像不可用透明玻璃罩住，否則神明也受不了煙火供奉，仍然會不靈。

12 香爐的高度要在神明的腰部以下，否則香爐太高，會遮蔽神明，則神明易看不到前方了。故最好把神明墊高，或改用矮一點的香爐。

13 神像宜依位階尊卑來排列供奉。中間一尊為最尊位，為主尊神明。龍邊左邊為次尊神明，高度也是第二高，虎邊右邊為第三尊位神明。高度為第三位高度，比左邊的神明略為矮低。

14 必須誠心誠意的膜拜，心誠則靈，神明才會確實保佑你。

紫微格局看理財

紫微格局看理財
法雲居士 著
http://www.venusco.com.tw
E-mail: venusco@tomail.com.tw

『理財』就是管理錢財。必需愈管愈多！因此，理財就是賺錢！

每個人出生到這世界上來，就是來賺錢的，也是來玩藏寶遊戲的。

每個人都有一張藏寶圖，那就是你的紫微命盤！一生的財祿福壽全在裡面了。

同時，這也是你的人生軌跡。

玩不好藏寶遊戲的人，也就是不瞭自己人生價值的人，是會出局，白來這個世界一趟的。

因此你必須全神貫注的來玩這場尋寶遊戲。

『紫微格局看理財』是法雲居士用精湛的命理方式，引領你去尋找自己的寶藏，找到自己的財路。

並且也教你一些技法去改變人生，使自己更會賺錢理財！

第七章　安灶的重要原則

安灶是一家中的大事，也是初入宅屋的第一件事，因為安灶是關係著一家人健康和財富的大事。民以食為天，家中的小孩更餓不得，如果灶沒安好，一家大小跑醫院的次數就會多得數不清，使你疲於奔命，而且家人不健康，那裡遇有心情賺錢，更容易賺不到錢及耗財、損財，錢都拿去看病了。

灶台主財

灶台或指廚房，是每個家庭的另一個主要『財位』。廚房中食物多、冰箱裝滿食物，表示這家人衣食豐足。廚房中空無一物，或常空虛、沒開火，也沒有可吃的東西，縱使廚房裝潢得再漂亮，此家人依然是不富裕，易成為空殼子的。而且容易退財、守不住財。也容易家宅人丁少，或生不出子孫出來。

廚房與灶台方位

灶台帶火，屬火，最宜放在宅第的南方位置，南方也是一個物產豐富的位置，是故廚房放在屋子的南方，會家中餘糧

多，廚房也容易熱鬧，成為家人聚集之所。廚房不但能旺財，也能旺丁。廚房若放在家中其他方位，或佔據了其他的位置就不適合了。例如廚房放在整間屋子的東方位置，那是長子的位置，家主人會一天到晚關心吃食，但又吃不好，而且容易生不出兒子出來，或是兒子的腸胃有毛病、疾病。

通常，我們會發現，請客吃飯是最能拉攏人際關係的事情，大家都愛吃好吃的！因此廚房的地位在家中也是特別重要的。

有關於灶台與廚房的一些重要原則

1 家中的廚房或灶台不可有兩個。分置於不同地方有兩個灶台或廚房的家庭，容易兄弟不和，或家有二房，也易分產，家中不和。

2

灶台、廚房不宜放在戶外或後陽台，和宅屋分離。這等於把財位放在外面任人取用，家中自然也會無財。兄弟、手足、子女，家人也不親密，會感情淡薄。

3

家中的廚房及灶台不可放在家宅屋子的正中央的地方，這一方面油煙排不掉，一方面廚灶屬火，放在家宅中心，是家宅心臟的位置，容易使家人暴斃死亡、高血壓，得重症，或突發車禍而亡。

4

灶台無靠或廚房沒有牆壁，家人易生病、身體虛弱，吃不胖。亦容易得病，灶台要靠牆，灶台無靠或廚房沒有

牆，像臨時搭蓋的十分簡陋的廚房，有時會蓋在陽台上，灶台會受風吹，火不穩，也不衛生，容易生病是必然的。廚房一定要有牆隔開，以免油煙侵害到房間室內，影響所有家人的健康。

5 **灶台深陷，會顛沛流離**。火爐、瓦斯爐、烤爐不可隨便搬動，或埋在地下。某些小家庭為節省空間，將廚房設於後陽台，而再做鐵窗，將瓦斯爐置於鐵窗上，其實是懸空在陽台牆壁的外側，而室內看不到瓦斯爐灶台，如此也算是灶台深陷，家人易顛沛離的格局。

6 **灶台上不可有樑柱壓到**。如果有樑柱壓到瓦斯爐或火爐，表示其家不寧，會窮苦，因為吃食口福被壓制，一定會是做下人的命，或是依靠別人吃飯生活的人。也常會吃不飽或存不了錢，其家人的工作運也不佳，工作能力也會很差。

7 **灶口不可對著門**。瓦斯爐、火爐不可對著門，或由門口直接看到，這樣都是財暴露的象徵，容易招賊，或錢財存留不住。

8 **廚房和廁所不能在一起，或共用同一個門**。廚房是供應吃食的地方。廁所是穢氣之所，共處一室，或共用空間，皆是容易致病的關鍵，而且糞水和食用的水相混合，情況更是可怕。如此也會家中人丁稀少，不易生兒子。廚廁的門也不能相對開，以防穢氣相通不吉。

9 廚房會產生煙害，也不能對著房門或客廳。

10 灶台下不可有下水道或水管通過。會有水火相剋的狀況。也會刑剋到你的財。因此易被人倒帳，或自己欠債，或自己被欺騙損失，會失敗、耗財的格局。

11 入宅安灶時，宜先拜灶神或拜地基主，以求家宅平安、衣食無缺、口福長存。

第八章　運氣不同會影響你的屋相問題

我們常常在電視媒體上看到很多藝人或上節目的來賓在津津樂道於住到鬼屋，或家中發生靈異事件，或是出外旅行住旅館住到不乾淨的房子。在說故事的時候，煞是有聲有色，極盡驚悚。有時候在某一段時間長達兩、三個月的時間，電視上都在談鬼，或鬼屋、或起乩，尤其在中元節前後，真是全台灣島遍地是鬼了。常常有來算命的朋友問我：『老師！你相不相信有鬼？』

我當然相信！但不是像電視上神龍活現的講鬼故事這麼樣的相信法的！『鬼』是已逝去的人，稱之為鬼。孔子也說：『敬鬼神而遠之。』因此我們不應該把這些事當做好玩，而一直拿來戲謔談笑，應該尊重這些已逝去的靈魂，所以我也反對做鬼節目去探尋鬼事或陰事。

在命理上，**通常八字全陰的人容易見鬼**，或是命、遷二宮中有陰煞的人易見鬼。『八字全陰』是指年干支、月干支、日干支、時干支全是陰干、陰支稱之。陰干有乙、丁、己、辛、癸。陰支有丑、卯、巳、未、酉、亥。八字全陰的人容易性格陰柔、陰險，多暗藏的鬼計，容易想得多，也容易不相信別人，常常疑神疑鬼，也會胡編一套說詞來唬弄人。例如愛說自己有陰陽眼能看到鬼等等。是不是真的，有待商確！

命、遷二宮有陰煞的人，也容易看到鬼，更容易在外出車禍、有自光傷災，以及在外多遇小人。陰煞就是小人。

總而言之，常見鬼都不是好事，尤其在自己家中見到鬼，表示你運氣真衰，而且短時間之內都不會好轉。而且這段時間中的人生都浪費及無用了，十分可惜！

田宅宮有陰煞星的人，表示財庫中常有莫名其妙耗損的狀況，有錢存不住，家中有古怪之事，或有小鬼搗蛋，因此也會家人不和，家運不順，當然更容易疑神疑鬼，害怕會看見鬼。更表示在你名下的房屋更容易毀壞、破壞，有暗洞、暗漏的狀況。也表示會因莫名其妙的原因賣掉房子或失去房子。

人會因為運氣不同而住到或買到不同運氣的房子，運氣衰的人會住到鬼屋或運差的房子。而這些房子也多半是破舊、髒亂的房子或周圍環境複雜、靠近墳墓陰地，或光線不佳、少曬到陽光的房子。

所以人要買房子或租房子時，最好選自己運氣好的時候再去尋找、選擇跟買賣或租賃。但是人往往都是運氣不好，才急著要賣房子或突然要搬家找房子。以致於沒有時間多思考清楚就胡亂找了居處，進入了衰運的環境而更不順或窮困，因此人要給自己好的環境，就要住得好、住得舒適，能讓你睡眠充足，能養足精、氣、神的房子就是好房子。反之，就不是好房子，相對的，住在裡面會使人懶洋洋、有氣無力，或嗜睡，無

法發奮強，或長期窮困，找不到工作，錢少進賬，或有官司糾纏、車禍血光、疾病、開刀問題很重的，就是運氣不佳的房子。住到運氣不佳的房子，會很難翻身。因此最好快點搬家，遷居為宜，另覓吉屋而居。

前面說，運氣不好，不宜變動、搬家，怕找到運氣不佳的住屋，現在又說住到運衰的房子要快點搬家，是否前後矛盾呢？

一點都不矛盾！當你可以選擇自己的運氣來搬家時，自然要選擇好運來搬家、遷居。例如新居落成，或新購置的房子，一定會擇吉日進住。倘若你是租屋族，在合約將到期前，如欲搬家，不想續約了，也可早一點，在自己好運的時間中先去尋

找合適的房子，以備日後遷居之需。

每個人都一樣，運氣好的時候的眼光和衰運時候的眼光會差很多。衰運時人會顧慮不周詳，或因小失大，或眼光狹窄、大處不算，小處算。吉運時，人會顧全大局，大處著眼，眼光遠大。

考慮周詳，也易有貴人運或有其他的吉運發生，而選擇的屋相也容易是吉屋的屋相，屋相不會太差。

看你何時能擁有房地產

要預測自己何時能買到房地產，要以自己的大運和流年為主來觀看。大運好，大運中有財星居旺，福星居旺，運星居旺

或主貴、主事業之星居旺的，如武曲居廟、天府居旺、貪狼居旺、天同居廟、天相居廟、天機居廟、太陽居旺、天梁居旺、太陰居旺的時候，你就可好好規劃來準備買房子了。另外在『殺、破、狼』居廟、居旺的運程中，你也可能因發奮打拚，或有好運、偏財運而有能力來購買房子。

在流年上要觀測自己買房子的可能性，就要看該流年有沒有化科星存在，尤其是天梁化科、紫微化科或文昌化科，或左輔化科、太陰化科居旺的年份，都容易買房子。

紫微化科：是很有方法使環境變好、變高貴、吉祥。倘若你想換漂亮房子，就可用此流年來運作。但這是乙年生人才碰得到的。

天梁化科：是很方法照顧別人或得到別人照顧，也表示有神助或很會拜神。因此在此年多拜神求一棟房子，可能父母親人會給你，亦也可能你會在此年買房子給子女兒孫。這是己年生人能擁有的好運。

文昌化科：是很有方法精明幹練，與增加計算能力，或使才學、文學更高。在逢此流年時，應多精打細算，以及多觀察研究購屋契約，就能擁有新的房地產了。這是丙年生的人能擁有的好運。

左輔化科：是很方法幫助別人（同輩的人），並經由幫助別人而對自己有利。也表示同輩的人也很有方法協助你。因此在此流年時，你應找朋友幫忙來購買房子，這是壬年生的人會

有的好運。

太陰化科：太陰化科必須居旺才行。表示是很有方法理財，以及心情浪漫，太重視感情。在此流年中，你會因感情之事而購屋。例如戀愛完成要結婚，或買房子給父母或子女居住。如果太陰化科是居陷的，錢財會窘困，感情會淡薄，也沒什麼方法會去做購屋之事了。

至於租屋遷居，選屋之事，只要選自己運好的月份去看屋、擇屋，以及選自己運好的日子、流日、流時來遷移、搬家、搬東西、安床、安灶、安神明位就十分吉利了。亦可參看農民曆來安床、安灶、安神明，但搬家日還是要看自己吉祥的流日才行。

法雲居士⊙著

『紫微姓名學』是一本有別於坊間出版之姓名學的書，
我們常發覺有很多人的長相和名字不合，
因此讓人印象不深刻，
也有人的名字意義不雅或太輕浮，以致影響了旺運和官運，
以紫微命格為主體所選用的名字，
是最能貼切人的個性和精神的好名字，
當然會使人印象深刻，也最能增加旺運和財運了。
『姓名』是一個人一生中重要的符號和標幟，
也表達了這個人的精神和內心的想望，
為人父母為子女取名字時，就不能不重視這個訊息的傳遞。

法雲居士以紫微命格的觀點為你詳解『姓名學』中，
必須注意的事項，助你找到最適合、助運、旺運的好名字。

如何創造事業運

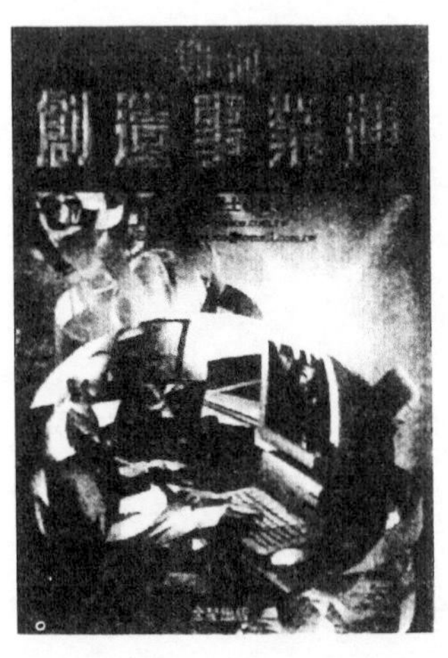

人生中有千百條的道路，
但只有一條，是最最適合你的，
也無風浪，也無坎坷，可以順暢行走的道路
那就是事業運！
有些人一開始就找對了門徑，
因此很早、很年輕的便達到了目的地，
成為事業成功的菁英份子。
有些人卻一直在茫然中摸索，進進退退，虛度了光陰。
屬於每個人的人生道路不一樣，屬於每個人的事業運也不一樣
要如何判斷自己是否走對了路？
一生的志業是否可以達成？
地位和財富能否得到？在何時可得到？
每個人一生的成就，在紫微命盤中都有顯示，
法雲居士以紫微命理的方式，幫助你檢驗人生，
找出順暢的路途，完成創造事業運的偉大工程！

在每個人的命格之中，文昌、文曲、左輔、右弼
都佔有重要的位置。
昌曲二星不但是主貴之星，也直接影響人的相貌、
氣質和聰明度，更會為你的人生帶來不同的變化和
創造不同的人生。
左輔、右弼是兩顆輔星，助善也助惡，
在你的命格中，到底左輔、右弼兩顆星是和吉星同宮
還是和凶星同宮呢？
到底左右二星有沒有真的幫忙到你的人生呢？

這是一套十本書的套書，其餘是『權祿科』、『羊陀火鈴』、
『十干化忌』、『天空、地劫』、『殺破狼』上下冊、
『府相同梁』、『紫廉武』、『日月機巨』等書。

這套書是法雲居士對於學習紫微斗數者常忽略或弄不清
星曜特質，常對自己的命格不是有過高的期望，就是有
過於看低自己命格的解釋，這兩種現象都是不好的算命
方式。因此，以這套書來提供大家參考與印證。

如何選取喜用神

(上冊)選取喜用神的方法與步驟
(中冊)日元甲、乙、丙、丁選取喜用神的重點與舉例說明
(下冊)日元戊、己、庚、辛、壬、癸選取喜用神的重點與舉例說明

每一個人不管命好、命壞，都會有一個用神和忌神。
喜用神是人生活在地球上磁場的方位。
喜用神也是所有命理知識的基礎。
及早成功、生活舒適的人，都是生活在喜用神方位的人。
運蹇不順、夭折的人，都是進入忌神死門方位的人。
門向、桌向、床向、財方、吉方、忌方，全來自於喜用神的方位。
用神和忌神是相對的兩極。
一個趨吉，一個是敗地、死門。
兩者都是人類生命中最重要的部份。
你算過無數的命，但是不知道喜用神，還是枉然。
法雲居士特別用簡易明瞭的方式教你選取喜用神的方法，
並且幫助你找出自己大運的方向。

紫微命格論健康

法雲居士⊙著

在中國醫藥史上，以五行『金、木、水、火、土』便能辨人病症，
在紫微斗數中更有疾厄宮是顯示人類健康問題的主要窗口，
健康在每個人的人生中是主導奮發力量和生命的資源，
每一種命格都有專屬於自己的生命資源，
所以要看人的健康就不是單單以疾厄宮的內容為憑據了，
而是以整個命格的生命跡象、運程跡象為導向，來做為一個整體的生命資源的架構。
沒生病並不代表身體真正的健康強壯、生命資源豐富。
身體有隱性病灶、殘缺的，在命格中一定有跡象顯現，

健康關係著人生命的氣數和運程的旺弱氣數，
如何調養自身的健康，不但關係著壽命的長短，也關係著運氣的好壞，
想賺錢致富的人，想奮發成功的人，必須先鞏固好自己的優勢、資源，
『紫微命格論健康』就是一本最能幫助你檢驗出健康數據的書。

對你有影響的

紫 廉 武

法雲居士⊙著

在每個人的命盤中都有紫微、廉貞、武曲三顆星，同時這三顆星也具有堅強的鐵三角關係，會在三合宮位中三合鼎立著，相互拉扯，關係緊密、共同組織、架構了你的命運。這也同時，紫微、廉貞兩顆官星和武曲一顆財星，也共同主宰了你的命運！當命盤中的紫、廉、武有兩顆以上居旺時，你的人生就會富足的多，也事業順利、有成就。如果有兩顆以上都居平、陷之位時，則你人生中的過程多艱辛、窮困、不太富裕。要看命好不好？就先從你命盤中的這三顆星來分析吧！

紫微星曜專論

此書為法雲居士重要著作之一，主要論述紫微斗數中的科學觀點，在大宇宙中，天文科學中的星和紫微斗數中的星曜實則只是中西名稱不一樣，全數皆為真實存在的事實。

在紫微命理中的星曜，各自代表不同的意義，在不同的宮位也有不同的意義，旺弱不同也有不同的意義。在此書中讀者可從法雲居士清晰的規劃與解釋中對每一顆紫微斗數中的星曜有清楚確切的瞭解，因此而能對命理有更深一層的認識和判斷。

此書為法雲居士教授紫微斗數之講義資料，更可為誓願學習紫微命理者之最佳教科書。

命理生活新智慧・叢書05

熱賣中

三分鐘算出紫微斗數

簡易排法及解說

THREE

你很想學紫微斗數，
但又怕看厚厚的書，
與艱深難懂的句子嗎？
你很想學紫微斗數，
但又怕繁複的排列程序嗎？
法雲居士將精心研究二十年的
紫微斗數，寫成這本書。

教你用最簡單的方法，
在三分鐘之內排出命盤，
並可立即觀看解說，
讓你在數分鐘之內，
就可明瞭自己一生的變化，
繼而進入紫微的世界裡，
從此紫微的書你都看得懂了！
簡簡單單學紫微！

命理生活新智慧・叢書 46

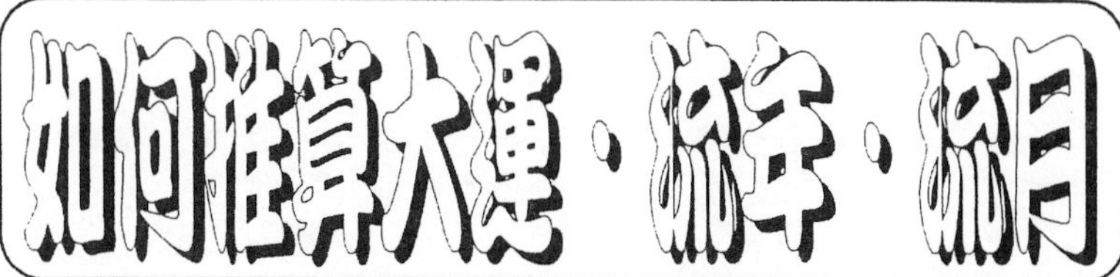

（上、下二冊）

全世界的人在年暮歲末的時候，都有一個願望。都希望有一個水晶球，好看到未來一年中跟自己有關的運氣。是好運？還是壞運？中國人也有自己的水晶球，那就是紫微命理精算時間的法寶。在紫微命理中不但可看到你未來一年的命運，更可以精確的看到你這一生中每一個時間，年、月、日、時的運氣過程。非常奇妙。

『如何推算大運・流年・流月』這本書，是法雲居士利用紫微科學命理教你自己學會推算大運、流年、流月，並且包括流日、流時等每一個時間點的細節，讓你擁有自己的水晶球，來洞悉、觀看自己的未來。從精準的預測，繼而掌握每一個時間關鍵點。

這本『如何推算大運・流年・流月』下冊書中，法雲居士利用紫微科學命理教你自己來推算大運、流年、流月，並且將精準度推向流時、流分，讓你把握每一個時間點的小細節，來掌握成功的命運。

古時候的人把每一個時辰分為上四刻與下四刻，現今科學進步，時間更形精密，法雲居士教你用新的科學命理方法，把握每一分每一秒。

在每一個時間關鍵點上，你都會看到你自己的運氣在展現成功脈動的生命。

法雲居士⊙著

金星出版

用你的運氣來減肥瘦身

法雲居士⊙著

人身邊的運氣有很多種，有好運，也有衰運、壞運。通常大家只喜歡好運，用好運來得到財富和名利。
但通常大家也不知道，所有的運氣都是可用之材。衰運、壞運只是無法得財、得利，有禍端而已，也是有用處的。只要運用得當，即能化險為夷，反敗為勝。並且運用得法，還能減肥、瘦身、養生。

這是一種不必痛，不必麻煩，會自然而然瘦下來的減肥瘦身術，以前減肥失敗的人，應該來試試看！
學會這套方法之後，會讓你的人生全部充滿好運跟希望，所有的衰運也都變成有用的好運了！

樂透密碼

法雲居士⊙著

偏財運的暴發能量 ＝人的質量×時間^2（本命帶財）

本書是討論會中樂透彩的人必有其特質，其中包括了『生命財數』與『生命數字』。
能中樂透彩的人必有暴發運，
世界上有三分之一的人有暴發運。
因此能中樂透彩之人必有其數字金鑰和生命密碼。
如何運用這個密碼和金鑰匙打開生命中的最高旺運機會，又將在何時能掌握到這個生命的最高峰，這本『樂透密碼』將會為您解開通往幸運之門的答案！

法雲居士⊙著

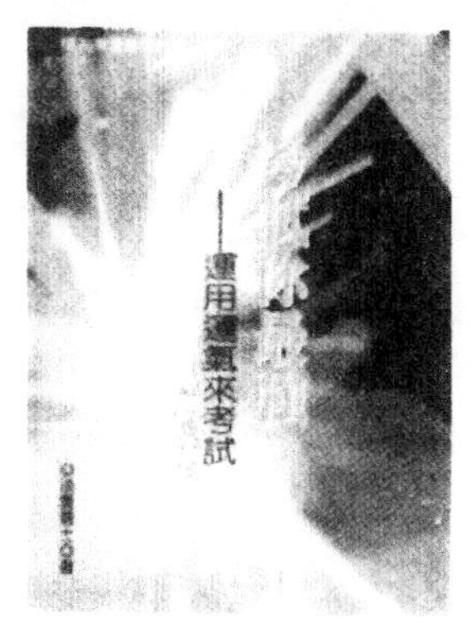

讓老天爺站在你這邊幫忙你考試

- 老天爺給你一天中的好時間、給你主貴的『陽梁昌祿』格、給你暴發運的好運、給你許許多多零碎的、小的旺運來幫忙你K書、考試。但你仍需有智慧會選邊站，老天爺才會站在你這邊！

如何運用運氣來考試

- 運氣是由許多小的時間點移動的過程所形成的，運用及抓住好的時間點，就能駕馭運氣、讀書、K書就不難了，也更能呼風喚雨，任何考試都手到擒來，考試強強滾！
  考試你最強！

簡單・輕鬆・好上手

讓你簡簡單單、輕輕鬆鬆，一手掌握自己的命運！

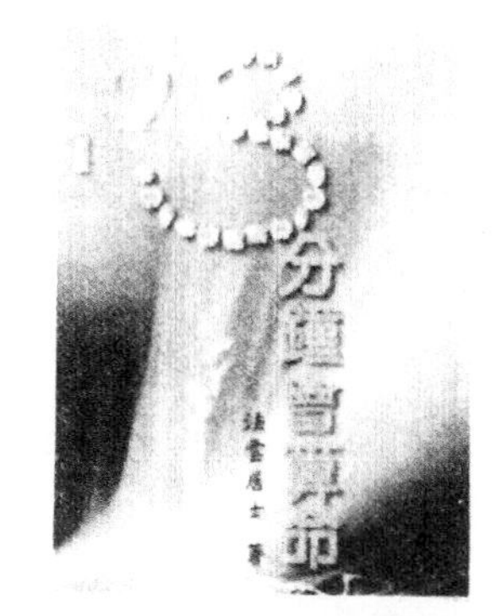

誰說紫微斗數要精準，就一定要複雜難學？
即問、即翻、即查的瞬間功能，
一本在手，助你隨時掌握幸運人生，
趨吉避凶，一翻搞定。
算命批命自己來，命運急救不打烊，
隨時有問題隨時查。

《三分鐘會算命》就是你的命理經紀，
專門為了您的打拚人生全程護航！

如何用 偏財運來理財致富

法雲居士⊙著

偏財運會創造人生的奇蹟，偏財運也會為人生帶來財富，

但『暴起暴落』始終是人生中的夢魘。

如何讓暴發的財富永遠留在你的身邊，如何用一次接一次的偏財運增高你的人生格局。

這本『如何用偏財運來理財致富』就明確的提供了發財的方法和用偏財運來理財致富的訣竅，讓你永不後悔，痛快的過你的人生！

定價：280 元

命理生活新智慧・叢書04

你一輩子有多少財

教你預估命中財富的方法

法雲居士◉著

◉有人含金鑰匙出生，有人終身平淡無奇，老天爺真的是那麼不公平嗎？你的命裡到底有多少財？讓這本書告訴你！

VENUS PUBLISHING CO.
金星出版
命理生活新智慧・叢書